纪连海谈论语

子罕·乡党·先进·颜渊篇

纪连海 著

石油工业出版社

图书在版编目（CIP）数据

纪连海谈论语：子罕·乡党·先进·颜渊篇/纪连海著.
北京：石油工业出版社，2019.1
ISBN 978-7-5183-2912-0

Ⅰ.①纪… Ⅱ.①纪… Ⅲ.①儒家 ②《论语》—通俗读物
Ⅳ.①B222.2-49

中国版本图书馆CIP数据核字（2018）第219458号

纪连海谈论语：子罕·乡党·先进·颜渊篇
纪连海　著

出版发行：石油工业出版社
　　　　　（北京安定门外安华里2区1号 100011）
网　　址：www.petropub.com
编　辑　部：（010）64523607　图书营销中心：（010）64523633
经　　销：全国新华书店
印　　刷：北京晨旭印刷厂

2019年1月第1版　2019年1月第1次印刷
700×1000毫米　开本：1/16　印张：13
字数：170千字

定　价：38.00元
（如发现印装质量问题，我社图书营销中心负责调换）
版权所有，翻印必究

中国历史上下五千年,悠久而漫长,在历史的长河中,中华民族用劳动和智慧创造了光辉灿烂的文明,积淀了独具魅力的文化。

文化是一个民族的标志,更是一个民族的灵魂。

中华文化是中华民族无数古圣先贤、风流人物、仁人志士对自然、人生、社会的思索、探求与总结,是我国各族人民的智慧源泉与精神支柱,是中华民族的尊严与标志,更是中华民族屹立于世界民族之林的形象,它既是中华民族智慧的凝结,更是道德规范、价值取向、行为准则的集中再现。

中华民族之所以历经磨难而不衰,非常重要的一点,就是中华文化营造出的强大的民族向心力。中华传统文化是中华文明成果根本的创造力,是民族历史上道德传承、各种文化思想、精神观念形态的总和。以现在的学科分类,则囊括了中国古代的哲学、宗教、政治、科技、历史、地理、文学、教育、经济、军事、文化、艺术、民俗诸多方面。概括来说,传统文化包括经史子集、十家九流,它以先秦经典及诸子之学为根基,涵盖两汉经学、魏晋玄学、隋唐佛学、宋明理学和同时期的汉赋、六朝骈文、唐宋诗词、元曲与明清小说并历代史学等一套特有而完整的文化、学术体系。观其构成,足见其之广博与深厚。

千百年来,中华文化融入我们每一个炎黄子孙的血液,铸成了中华民族的高尚品格,书写了辉煌灿烂的历史,成为人类文明的不可或缺

的组成部分。"己所不欲,勿施于人"的行为规范、"乐以天下,忧以天下"的政治抱负、"苟利国家,不求富贵"的报国情怀、"富贵不能淫,贫贱不能移,威武不能屈"的浩然正气、"志士仁人,无求生以害仁,有杀身以成仁"的献身精神、"知人者智,自知者明"的通达心态等,都传承着中华民族的精神基因,这是我们最深厚的文化软实力。

凝魂聚气,强基固本,习近平总书记就传承和弘扬中华优秀传统文化做出一系列重要指示。他指出:"我们决不可抛弃中华民族的优秀文化传统,恰恰相反,我们要很好地传承和弘扬,因为这是我们民族的'根'和'魂',丢了这个'根'和'魂',就没有根基了。""一个国家、一个民族的强盛,总是以文化兴盛为支撑的,中华民族伟大复兴需要以中华文化发展繁荣为条件。"

在2017年10月18日召开的中国共产党第十九次全国代表大会上,习近平总书记提出要深入挖掘中华优秀传统文化蕴含的思想观念、人文精神、道德规范,结合时代要求继承创新,让中华文化展现出永久魅力和时代风采。习近平总书记的讲话,为我们继承和弘扬传统文化指明了方向。

一个没有自己文化的国家,可能会成为一个大国甚至富国,但绝对不会成为一个强国。也许它会强盛一时,但绝不能永远屹立于世界强国之林。而一个国家若想健康持续发展,则必然有其凝聚民众的国民精神,且这种国民精神也必然是在其自身漫长的历史发展中由本国人民创造、形成的。中华民族的伟大复兴,中华巨龙的跃起腾飞,离不开传统文化的持久浸润与滋养。

传统文化对于个人的成长更为重要。众多的专家学者认为,一个人的精神启蒙,往往始于不可替代的传统经典。试想,当优秀传统文化的经典了然于心，熟能成诵，孔子、孟子、老子、庄子等伟大的先贤就与你的生命相伴了。有圣贤藏于心，笃于行，德必向善，学必精进，功自然成。潜心于传统文化，我们就会发现其蕴含的无法穷尽的智慧，并从中领略到恒久的治世之道与管理之智，体悟到超脱的人生哲学与立身之术。

中国人民在历经站起来、富起来的历史进步后，将迈入建设中国特色社会主义现代化强国"强起来"的新时代。历史悠久、光辉灿烂的中华传统文化，是一座人类文明的巨大宝库。系统地了解、认识中华文化精华，更好地继承中华民族优秀文化传统，激发民族自豪感，增强民族凝聚力，大力弘扬爱国主义精神，是我们应当担负起来的神圣的历史责任。

为了让更多读者从传统文化中受益，我们特别邀请了中央电视台"百家讲坛"著名主讲纪连海主编了这套"名家谈国学经典"丛书。

"名家谈国学经典"系列将分辑出版，这次出版的是第一辑，分别是《纪连海谈论语》《纪连海谈道德经》《纪连海谈黄帝内经》《纪连海谈孙子兵法》《纪连海谈三十六计》《纪连海谈孟子》《纪连海谈庄子》。这些经典著作高度浓缩了中华五千年文明的精华，包含了中华民族生存的大思想、大智慧。

丛书富有知识性、哲理性和可读性，尽量把艰难晦涩的传统文化予以通俗化、现实化的演绎，以古今中外的精彩案例解析深刻的文化内涵，让传统文化焕发出历久弥新的时代风采。丛书秉承了纪连海一贯的幽默活泼、接地气的语言风格，使读者在轻松愉悦和饶有趣味的阅读中，收获满满的人生感悟。

丛书瑕疵难免，错漏之处敬请读者批评指正。

孔子和《论语》

1988年1月，75位诺贝尔奖获得者在法国巴黎发表宣言："如果人类要在21世纪生存下去，就必须回到两千五百年前去汲取孔子的智慧。"

一、孔子是怎样的一个人？

孔子（公元前551—公元前479年），名丘，字仲尼，在家族中排行第二，故也有人称之为孔老二，春秋末期鲁国陬邑人，汉族，享年七十三岁，葬于曲阜城北泗水南岸，即今日孔林所在地。他是我国历史上伟大的思想家、教育家和政治家，居"世界十大文化名人"之首。

在山东曲阜2017年祭孔大典上，有专家这样解说孔子：孔子是"三个人"，一是中华文化的圣人；二是中国文化的恩人；三是百姓的亲人。

纵观孔子的一生，有必要重新认识孔子，对孔子的定位应该是思想家、教育家、政治家、儒家学派创始人和至圣先师。

孔子的业绩主要有四方面：一是兴办私学，改变了教育被官方垄断的历史；二是中华道统的奠基者，建构了仁礼并重的价值体系、内圣外王的治理之道和中和谦美的道德文明；三是中华学统的开创者，晚年删

《诗》《书》、定《礼》《乐》、赞《周易》、修《春秋》，中华学术文化全体大用，悉在六经中开出；四是一生好学不倦，勇猛精进，超凡入圣，成为万世师表。

这些都是后人对孔子的溢美之词，要想真正了解孔子，与圣人亲密接触，必须回到原点，读原汁原味的《论语》。

作为一部优秀的语录体散文集，《论语》以言简意赅、含蓄隽永的语言，记述了孔子的言论，其中所记孔子循循善诱的教诲之言，或简单应答、点到即止，或启发论辩、侃侃而谈、富于变化，娓娓动人。

读《论语》，读的是一句一句话，看见的却是一个个活生生的人。

当你用心去唤醒文字，感受孔子和弟子以及其他人物的形象，想象他们的样子的时候，语言就像渡船一样把你渡过去，沉睡的孔子也站起来了，从远处向你走来，"含情脉脉"地看着你。你的阅读就像皮格马利翁看"美女雕塑"一样，看着看着就把她看活了，你就会读出一个性格丰富、个性鲜明、十分可爱的孔子和一个个性情各异的弟子。

孔子是《论语》描述的中心，"孔子风采，溢于格言"，书中不仅有关于他仪态举止的静态描写，还有关于他的个性气质的传神刻画。

孔子达观率性，修身以敬。《阳货篇》中讲了这样一个故事，说孔子来到武城，嘲笑其治理者"割鸡用牛刀"，子游予以反驳，这使他意识到了自己的错误。"前言戏之耳"，一句话将孔子当时的羞愧展现出来，同时前一句"二三子！偃之言是也"写出了孔子虚心向弟子学习的品质。即使是圣人也会犯错误。《论语》中这段孔子犯了错被人指出后的情态描写，为严谨端庄的孔圣人涂上了一抹鲜活生动的颜色。

孔子虽然庄重，却是一个浑身充满幽默感的人，那是一种让人"近之也温"的大气、智慧、乐观和风度。当别人无不讽刺地说："孔子你可真了不起,你学了那么多玩意儿,然而却没有任何能够出名的本事,你究竟会什么呀?"孔子听了,并没有为自己辩护,而是嬉笑着对自己的弟子们说:"我干什么呢?当射手呢,还是赶马车呢?我还是赶马车好了。"这是一种无厘头似的自嘲,尽显俏皮、戏谑的语气和神态,在自嘲中,一个理想主义者的大度、达观立现。

孔子还是个内心充满理想和生活热情的人,在不如意或受打击的时候,虽然也发发牢骚,说过"知我者只有老天爷吧",或者干脆撂挑子不干,"道不行,乘桴浮于海",要乘着竹筏隐居海外。但他也只是说说而已,他总能很快从打击中恢复,让生活变得轻松、欢快。

此外,《论语》还成功地刻画了一些孔门弟子的形象,如子路的率直鲁莽、颜回的温雅贤良、子贡的聪颖善辩、曾皙的潇洒脱俗,等等,都称得上个性鲜明,给人留下了深刻的印象。

二、《论语》是一部什么样的著作?

《论语》主要记录了孔子及其弟子的言行,共二十篇,由孔子的弟子及再传弟子编写,是我国古代儒家经典著作之一,每篇篇名以开头两三个字来取,有语录、有对话,也有故事,形式活泼多样,是了解孔子为人、孔子思想的重要资料。

《论语》完整而充分地反映了"大成至圣先师"孔子"为政以德、仁者爱人"的政治思想、"诚信处事、智慧生存"的人道思想、"有教无类、启发诱导"的教育思想,等等。直到"新文化运动"之前,它一直是中国人的蒙学必读之书。其无与伦比的历史地位和思想高度完全不亚于西方人眼中的《圣经》。

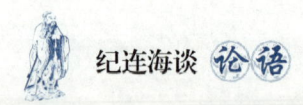

《论语》是道德与智慧的凝结，它像是一个循循善诱的教师，又像是一个正直、坦率、宽容的友人，它可以映射出人们的道德情操、品性修养，让人们在生活中找准自己的方向。

《论语》终极传递的是一种朴素、温暖的生活态度，教给人们如何在现代生活中获取心灵的快乐、适应日常秩序、找到个人坐标。

《论语》以简约的语言点出人生大道，让后人一一去实践，让那种古典的精神力量在现代的规则下融合成为一种有效的成分，让每一个人真正建立起有效率、有价值的人生。

宋代开国宰相赵普曾自诩以半部《论语》治天下。确实，《论语》作为一部自汉代以来统治中国两千多年的儒家经典著作，蕴藏着深刻的政治智慧和管理智慧。北大教授季羡林先生则进一步说，"用不了半部《论语》就能治天下，仅仅用《论语》中的'己所不欲，勿施于人'这八个字就能治天下。"被誉为"日本企业之父"的涩泽荣一说："要把现代企业建立在算盘和《论语》的基础上，我的成功经验：《论语》加算盘等于成功。"

可见，不管是学文、从商、做官还是从事企业管理，都用得上《论语》。

愿这本书像一股清泉缓缓流过人们喧嚣浮躁的心灵，成为点燃灵感、涵养智慧、提升道德的一剂灵丹妙药。

子罕篇 1

乡党篇 59

先进篇 99

颜渊篇 149

子罕篇

原文

子罕①言利②与命与③仁。

注释

①罕：稀少。

②利：功利。

③与：此处指称许、赞同。

纪老师说

对于这一章的解释，争议很大，主要在对"与"的理解上。

结合大家的意见和《论语》内容，将此章读为"子罕与利。与命，与仁。"更为合适。用"称许""赞同"或"肯定"来解释"与命与仁"的"与"是合理的，此句大意为："孔子很少谈到利。他赞许命，赞许仁。"这种理解，符合孔子一贯的思想。

"仁"是孔子思想的核心，也是儒家思想的核心，因此孔子必然多言，并对此持赞成的态度。孔子不仅要求他的学生个个成为志士仁人，还要在周游列国的途中到处宣讲他的"仁政"理想，因而《论语》中，"利""命""仁"三者所提及频率最高的就是"仁"。

孔子少言利，也不是只许重义不许重利，而是针对一般人重利

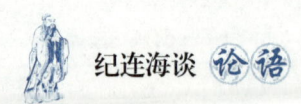

轻义，甚至见利忘义，这才少谈利益。"子罕言利"，其实说明孔子对"利"的轻视，他在谈"利"时，基本上主张"先义后利""重义轻利"。

重利轻义是商人的美德，那些儒家思想理影响下的儒商，大多是重义轻利的典范。

长安城里有一位人人皆知的药商，叫宋清。宋清待人仁厚，药的质量也好，所以远近闻名。

宋清收集药材很严格。凡是到他这里来卖药材的都知道宋清的人品好，价格合理，而且对送药材的人十分客气，热情地款待他们，请他们吃饭，远道来的还安排在自己家里休息过夜。所以，采药人都争先恐后到他那里卖药。

宋清的药好，来他这儿买药的人自然就很多，他配的药又从没有出过一点儿差错，人们都很信任他。加上如果买药的人一时无钱付账，可以欠账，宋清总是说："治病救人要紧。钱什么时候有，再送来就是了。"

人们因此十分赞赏他的人品。有的人药费拖了一年，仍无钱付账，宋清也从不上门讨账，每到年底，宋清总要烧掉一些还不起钱的欠条。

有人对此颇不理解，说："宋清这人一定是脑袋有问题，否则，怎么会办那样的傻事？"

宋清却说："我并不觉得自己傻，我卖药挣钱不过是为了供养家人的生活所需，我现在生活得很好不就行了。卖药四十多年，我总共烧掉别人的欠据多得数不清了，这些人并非是为了赖账，有的人后来当了官，发了财，没有欠据，他照样不忘当初，会加倍地送钱来还我的，真正不能还的毕竟是少数。如果像有些商人，对欠账的人不依不饶，怎么会有这么多的买主上门买药？人品是最好的宣传，人们对你信任，才会有事来找你，而不找别人，这是多少钱都买不来的友情。"

宋清的确是以德取信，赢得了众人的敬重，他的生意也就随之越做越大，成了有名的富商。

对此，社会上议论颇多。当有人再说："无商不奸，无商不黑。"人们就用宋清来反驳这个论点。

柳宗元也曾说过这样的话："如今的朝廷、政界充满了唯利是图的市侩风气，而商人中却有宋清这样正直的人，这真是一个很大的讽刺啊！"

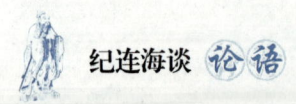

原文

达巷党人①曰:"大哉,孔子!博学而无所成名②。"子闻之,谓门弟子曰:"吾何执?执御乎?执射乎?吾执御矣。"

注释

①达巷党人:达巷,地名。党,乡党、里巷之人。
②无所成名:没有可以树立名声的专长。

纪老师说

纵观孔子一生,达巷党人的评价可谓切中要害——太博学了,而且门门学问都达到很高的水平,以至于不好说他是哪一方面的专家,因此也就不能用任何一类专家的名称来称呼他。

孔子的回答很幽默、绝妙,孔子以"吾执御矣"自嘲,同时也明白地表示,如果在"专家"与"通才"两种类型中选择:孔子更愿意选择成为"通才"。

孔子一直提倡君子应通"六艺",即礼、乐、御、射、书、数。在许多记载中,我们可以看出孔子于六艺均称得上是行家,但孔子仅举"执御乎?执射乎?"来做选择,是有所隐喻的。御即驾车,纵横驰骋,涉猎广远,是"通才"型人才的象征;射即射箭,目标明确,心无旁骛，是术业专攻的"专家"型人才的象征。所以，孔子此话中另一层意思是："我当一个博学的通才呢？还是成为某一方面的专家？我宁愿成为一个博学的通才！"

汉高祖刘邦曾说："夫运筹帷幄之中，决胜千里之外，吾不如子房（即张良）。镇国家，抚百姓，给馈饷，不绝粮道，吾不如萧何。连百万之军，战必胜，攻必取，吾不如韩信。此三者，皆人杰也，吾能用之，此吾所以取天下也。"张良、萧何、韩信是"汉初三杰"，都是超级专家，刘邦在各方面都自叹不如他们，但他却成为张良、萧何和韩信三位超级专家的"老板"。若说刘邦无才，又何以能发现、起用并驾御这些旷世奇才呢？

孔子的另一句名言"君子不器"也表达了赞成博学型人才这一观点。

此章对答，让我们看到一个活泼、洒脱、幽默，爱开玩笑、胸襟坦荡、乐观开朗的孔子。

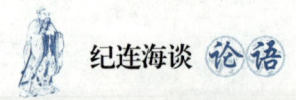

原文

子曰:"麻冕①,礼也。今也纯②,俭③;吾从众。拜下④,礼也。今拜乎上⑤,泰⑥也;虽违众,吾从下。"

注释

①麻冕:麻制成的礼帽。做工很细,因而较昂贵。

②纯:黑色的丝。

③俭:省俭。按照规定,麻冕必须用两千四百缕细麻线织成,很费工;而丝质细,容易织成,反而俭省。

④拜下:臣向君主行礼先在堂下磕头叫拜下。

⑤拜乎上:指臣见君免去先拜下之礼直接上堂拜谒。

⑥泰:傲慢。

纪老师说

孔子为什么对"麻冕"和"拜上"持两种相反的态度呢?

首先我们来看麻冕和丝冕。麻布制造的冠冕虽然和丝绸制造的冠冕只是使用的材料不同,但是,还是和以前一样,是等级的象征,实质没有丝毫改变。君王还是君王,臣子还是臣子,君子之间和民众之间还是和以前一样,地位没有任何变化。用我们今天的话说,是换汤不换药,所以，孔子能够赞同和接受。

然而拜上呢，就不同了。臣对君行礼，应当先拜于堂下。等待君的谦辞，再登堂行礼，这是臣对君的恭敬。现在直接登堂礼拜，反而显得臣傲慢。在这里，臣子少拜见了一次，就是实质的变化了，是礼制的改变。孔子认为这样的改变，是对君王的轻视，并不合理，所以坚守古礼。

"明者因时而变，知者随世而制。"意思是说，聪明人会随着时代的变化而改变策略，有智慧的人会按照世事变化的情况而制定法则。"麻冕，礼也，今也纯，俭，吾从众。"显示了孔子的与时俱进。

奢不如俭，礼为众人所行，不是富人的专利，不是排场越大越有"礼"，所以孔子并不因循守旧，而是随众改变，提倡简朴。

只须有时机，孔子就会赞誉节省的人。《孔丛子·记义》记载：尧帝，封于唐，故称陶唐。《诗经·唐风·蟋蟀》篇是写尧帝时期的一首民歌。第一段写道："无以大康，职思其居。好乐无荒，良士瞿瞿。"意思是："不能过分安乐，常思所居职务。爱好享乐莫荒唐，良士谨慎治理四方。"孔子在读完这首诗后，喟然叹曰："吾于《蟋蟀》，见陶唐俭德之大也。"孔子赞誉尧帝，是倡导一种节约清简的生活方式。

原文

子绝①四：毋意②、毋必、毋固、毋我。

注释

①绝：杜绝、戒掉。
②毋意：不凭空猜测。毋：通"无"。意：通"臆"。

纪老师说

人有生老病死，心有七情六欲，不因职业、贵贱、大小、古今而有差别。"意，必，固，我"，是潜伏在我们心底的劣根性，如不加以克制，任其自由发展，就会是自作孽。

早年在美国阿拉斯加，有一对年轻人结婚，婚后太太因难产而死，留下一个孩子。

丈夫忙于工作，又要照看家，因没有人帮忙看孩子，就训练一只狗，那狗聪明听话，能照顾小孩，会咬着奶瓶给孩子喂奶喝。

有一天，主人出门去了，叫狗照顾孩子。他到了别的乡村，因遇大雪，当日不能回来。第二天才赶回家，狗立即闻声出来迎接主人。

他把房门打开一看，到处是血，抬头一望，床上也是血，孩子不见了，狗在身边，满口也是血，主人发现这种情形，以为狗性发作，把孩子吃掉了，大怒之下，拿起刀来向着狗头一劈，把狗杀死了。

之后，忽然听到孩子的声音，又见孩子从床下爬了出来，于是抱起孩子查看；虽然身上有血，但并未受伤。

他很奇怪，不知究竟是怎么一回事，再看看狗，狗腿上的肉没有了，旁边有一只死狼，口里还咬着狗的肉。狗救了小主人，却被主人误杀了，这真是天下最令人惊奇的误会。

这不正是人的"意，必，固，我"造成的悲剧，所以啊，我们要学习孔子，绝此四。

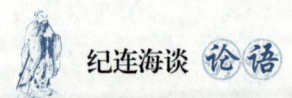

原文

子畏①于匡,曰:"文王既殁,文不在兹乎?天之将丧斯文②也,后死者③不得与于斯文也;天之未丧斯文也,匡人其如予何④!"

注释

①畏:拘禁。匡地:地名,在今河南省长垣县西南。
②丧斯文:消灭这一种文化。
③后死者:孔子自称。
④如予何:把我怎么样。如……何,文言文中的凝固结构,对……怎么样。

纪老师说

一个人应当有坚定的信念和坚强的自信心。孔子在危急时刻,没有考虑个人安危。他认为,自己是古代文化唯一的继承者和传播者,应当以舍我其谁的勇敢精神,当仁不让地承担起这一历史重任。

这里是孔子路过匡城被困,就是他遭遇中的一次生命危险,《庄子》一书中提到,孔子在这个时候非但没有慌张,反而开始弹琴唱诗,充分说明他的自信。孔子认为,自己做的事顺应天道,既然上天要保存只有他所懂得的文化,就一定会保留他的性命。当然,万一真出了事,孔子照样问心无愧。

孔子这种态度，不仅是对文化的自信，更是相信上天的公正。

孔子认为周文王为《易经》六十四卦作卦辞，主要目的在传承文化。他看到周文王死后，大家并不重视文化传统，因此以身自许，要恢复道统。现在匡人误会，把他围住。他如果害怕，弟子们势必更加恐惧，说不定会误了大事。所以他表现出对上天莫大的期望，来坚定弟子们的信心，稳定大家的情绪。仍然如常地教学，不久匡人发现所围的不是阳虎，而是孔子，便自动解围而去。

孔子那种感知天命的自信，在后来很多儒家身上都有。例如梁漱溟先生，在抗日战争最艰难的时刻，人们普遍感朝不保夕之际，梁漱溟几乎是以天命为唯一担当者。在《处险境中我的心理》一文中说："前人云：'为往圣继绝学，为万世开太平'，此正是我一生的使命。《人心与人生》等三本书要写成，我乃可以死得；现在则不能死。又今后的中国大局以至建国工作，亦正需要我；我不能死。我若死，天地将为之变色，历史将为之改辙，那是不可想象的，万不会有的事！"

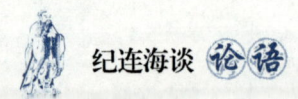

原文

太宰①问于子贡曰:"孔子圣者与?何其多能也?"子贡曰:"固天纵②之将圣,又多能③也。"子闻之,曰:"太宰知我乎!吾少也贱④,故多能鄙事⑤。君子多乎哉?不多也。"

注释

①太宰:官名,辅佐治理国家,这里具体指谁已难以考证。

②纵:使。

③多能:多种技能。

④少也贱:小时候贫贱。

⑤鄙事:卑贱技艺。

原文

牢①曰:"子云,'吾不试②,故艺。'"

注释

①牢:子牢。孔子的学生。

②试:用,任用。

 纪老师说

孔子成长为伟大的思想家、教育家,他从未从出身上捞到什么好处,相反幼年时相当艰苦。他自己说:"吾少贱,故多能鄙事。"三岁丧父,家境衰落。十七岁丧母,做过吹鼓手,管过牛羊,做过账房先生,看管过仓库,等等,官至"大司寇行摄相事",受冷落辞职而率学生周游列国约十四年,多次遭遇闭门羹,历尽坎坷,依然孜孜以求。

孔子一生,从一无所有到圣人,他是不断用开放的、进取的态度在面对自己的人生,不断学习,他说"我非生而知之者,好古,敏以求之者也""吾不试,故艺",坚持自己认为对的事情,明知不可为而为之。

尽管孔子后来被称为圣人,但他所在的时代,却对他采取一种拒绝的姿态。理想对于他而言,总是远处的风景线。然而,他依然坚定地行走在实现理想的道路上,努力地去接近自己的目标。

我们不要求能够达到孔子精神的百分之多少,能够愿意接受他思想的熏陶,同时也尝试着去做到一点点,就是对自己人生莫大的裨益了。

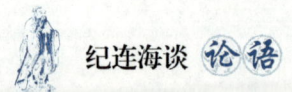

原文

子曰："吾有知乎哉？无知也。有鄙夫①问于我，空空如也。我叩其两端②而竭焉。"

注释

①鄙夫：鄙陋浅薄的人。
②两端：事物的对立面。

纪老师说

古希腊哲学家芝诺素有"悖论之父"之称，他有四个数学悖论一直传到今天。一天，一个学生问他："老师，你所掌握的知识比我多许多倍，可是为什么你对自己的解答总是有点怀疑呢？"芝诺用手杖在沙土上画了一个大圆圈，又画了一个小圆圈，然后说："大圆圈的面积代表我掌握的知识，小圆圈的面积代表你掌握的知识，这两个圆圈以外的地方就是你和我无知的部分。因为大圆圈比小圆圈大，因而接触的无知的部分也比小圆圈多，这就是我常常怀疑自己的原因。"

芝诺的话表现了一个哲学家对知识的认识：一个人有了一定的知识，接触和思考的问题越多，就越觉得有许多问题不明白，因而就越感到自己知识贫乏；相反，一个人缺乏知识，发现和思考问题的能力低，就越觉得自己知识充足。

古今中外同理,本章孔子所言"无知",正是其"有知"的谦辞。其实是孔子在教诲学生或别人如何想问题,获取新知识。这是典型的孔氏求知的态度,也是他高超教学方法的具体体现。

首先,在求问者面前表现得很谦虚,以便于下一步的启发,让求问的人感受到是在邀请他一起探讨问题,他就会非常虔诚地求问索答。

其次,孔子再对求问者所不了解的事,逐步进行理解沟通,刨根问底,这实际是让问者思索的过程,直到求问的人恍然大悟,这样不但把有疑问的事解决了,由此还让求问者学会了思考问题的方法。

老子教人学习,真的有一套,不服不行啊!

原文

子曰:"凤鸟①不至,河不出图②,吾已矣夫③!"

注释

①凤鸟:传说中的象征吉祥的神鸟,凤鸟出现便预示天下太平。

②河不出图:河,黄河。图,指八卦图。传说有圣王出现,黄河中就有龙马背负八卦图出现。

③已矣夫:算了吧。看不到太平盛世的感叹之词。

纪老师说

传说,只有世界真正太平,圣哲的皇帝出来了,凤鸟才出来一下。所谓"凤鸟不至",这句话的含义是说没有圣明皇帝出来的时候了。

"河不出图"的意思是没有圣人出现,《易·系辞上》写道:"河出图,洛出书,圣人则之。"意思是黄河出图案,洛水出书集,圣人按照这些发明了八卦的天象和治水的方法,"河出图"为吉祥的征兆。

孔子说"凤鸟不至,河不出图",借此比喻当时天下礼崩乐坏,一片混乱,而自己的主张不得实现,思及此处,感慨万端。

据说大禹治水时,河伯献河图,宓妃献洛书,使大禹终于战胜了洪水。

洛书与河图并为河图洛书,是上古流传下来的奇宝,同《易》一样,少有人勘破其奥秘。在中国上古时代,能被称作圣人的不过寥寥几人而已,这些圣人如何使用河图洛书,未见文字记载。因河图洛书上均刻有星象图,是以历来一直被皇家列为祭天礼器而珍藏。现在我们仍能找到河图洛书,读者有兴趣可以研究研究,南怀瑾先生的《易经杂说》所言很有道理。

这一章与"久矣,吾不复梦见周公"意思一样,都是孔子对年老力衰,道之不行的感叹,透露出他对天下无道而自己又无可奈何的哀怨与伤感。

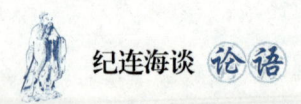

原文

子见齐衰①者、冕衣裳者②与瞽者③,见之,虽少,必作④;过之,必趋⑤。

注释

①齐衰:古代用熟麻布做的下边缝齐的丧服。齐衰,丧服的第二等。第一等为斩衰,系祭天子之丧服,齐衰为王后之丧服。

②冕衣裳者:穿官服戴礼帽的人。冕:天子、诸侯、卿大夫戴的帽子。衣,上衣。裳,下衣。

③瞽者:担任乐官的瞎子。

④作:站起来,表示敬意。

⑤趋:快步走,表示敬意。

纪老师说

以礼待人,不以对方的身份、地位而有所不同。对有官位的人,应该表示尊敬;对身上戴孝的人,他们是遭遇不幸者,也应该表示尊敬;对盲人,用今天的话来说,叫"弱势群体",更应该表示尊敬。不要打扰他们太久,不要惊扰他们的伤痛,应该悄悄地从他们面前经过。这就是一种礼仪,这就是对人的一种尊敬。两千多年前的孔子,为我们做出了榜样。

恭谨为人，体恤弱者，正是"知礼"。礼，于外在，有各种仪式、规程和等级之别，但在内里，却要本着诚、恕、良、善、仁和之心。

出门在外，言行举止不可苟且马虎，见到的每一个人，都如同见到尊贵的客人一般。礼仪没有标价，它可以使人的灵魂高贵。

不论在什么样的环境里，周恩来总理总是保持着他应有的礼貌。每次接见外宾，总是提前到达，站在门口和大家一一握手，态度诚恳。会见结束，他总是把客人送到大门外，直到汽车开动才离开。

他身为国家总理，处处以礼待人：服务员给他端茶，他常常站起来用双手接过去，并微笑着点头表示谢意；外出视察工作，他总是和服务员、厨师、警卫人员一一握手，亲切地道谢；甚至在深夜回家途中，他也再三关照司机礼貌行车，让外宾车先走。

外国有记者赞美说："大凡见到他的人都认为他具有一种魅力，精明智慧，人品非凡而且令人神往。"

以礼待人是中华民族的传统美德，当今时代，我们应把这一美德更好地传承和弘扬。

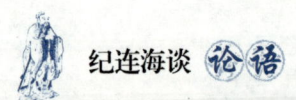

原文

颜渊喟然①叹曰:"仰之弥②高,钻之弥坚。瞻之在前,忽焉在后。孔子循循然③善诱人,博④我以文,约我以礼。欲罢不能,既竭吾,如有所立卓尔⑤,虽欲从之,末由⑥也已。"

注释

①喟然:由衷状。

②弥:越,更加。

③循循然:有次序的。

④博:使我广博。

⑤卓尔:高高直立的样子。尔,形容词词尾。

⑥末由:没有可走之路。末,无,没有。由,途径,道路。

纪老师说

颜渊之叹,足见其对孔子及其道体会之深。

四句话连起来,可用句土话解释,就是:"这个人摸不透。"孔子的学问到底有多深,人格到底多么崇高,无法估计,这是颜渊跟从老师多年,对老师发自内心的赞扬!

颜渊这段感慨的话,后人据此总结了两个成语,一个是"循循善诱",另一个是"欲罢不能"。

我们说个"循循善诱"的故事。

著名教育家陶行知先生当校长的时候,有一天看到一个男孩用砖头砸另一个同学,便将其制止并叫他到校长办公室去。当陶校长回到办公室时,男孩已经等在那里了。

陶行知掏出一块糖给这个男孩,说:"这是奖励你的,因为你比我先到办公室。"

接着他又掏出一块糖,说:"这也是给你的,我不让你打同学,你立即住手了,说明你尊重我。"

男孩将信将疑地接过两块糖,陶行知又说道:"据我了解,你打同学是因为他欺负女生,说明你很有正义感,我再奖励你一颗糖。"

这时,男孩感动得哭了,说:"校长,我错了,同学再不对,我也不能采取这种方式。"

陶行知于是又掏出一块糖:"你已认错了,我再奖励你一块。我的糖发完了,我们的谈话也结束了。"

学生打人,陶先生没有批评、没有斥责,没有让学生写检查,更没有唤其家长来校"共同教育",而是让学生一步步地完成了对自己错误的认识过程。这四块糖不仅让学生认识到了错误,更发掘了学生的四个优点:守时、尊重人、正义感和勇于认错。这种巧妙的教育艺术如春风般拂过学生的心灵,留下了一份温暖、一份感动。

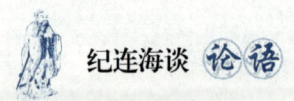

原文

子疾病①，子路使门人为臣②。病间③，曰："久矣哉，由④之行诈⑤也！无臣而为有臣，吾谁欺⑥？欺天乎？且予与其死于臣之手也，无宁死于二三子之手乎？且予纵不得大葬⑦，予死于道路乎？"

注释

①疾病：疾，病。病，病情严重。

②臣：家臣。大夫家才有家臣，孔子虽做过大夫，但已退位，不应有家臣。子路准备给孔子举行大夫的葬礼，所以让弟子充当家臣。

③病间：病渐渐好了。间，间隙，指病情减轻。

④由：仲由，即子路。

⑤诈：欺骗。

⑥吾谁欺：即"吾欺谁？"宾语前置句。

⑦大葬：指大夫的隆重葬礼。

纪老师说

本章记载子路让诸弟子伪扮家臣而受到孔子批评的事。

孔子通过这件事告诫弟子要尊重礼制，不能逾越，不要自欺欺人，更不要欺天。而逾越礼仪，是孔子非常反对的，这不仅仅是破坏礼制的行为，也是内在缺乏仁心、不能敬畏上天的表现。

另外，也可以看出孔子与弟子们的感情很深厚，弟子们愿意做他的家臣为其服务，但孔子不允许这样做，体现了孔子办私学、立师道，把师徒情谊看得比君臣关系还重的思想感情。

钱穆的《论语新解》讲得真好，抄录如下："孔子此处之所以告子路，则尤有深意。孔子之道之尊，在其有门人弟子，岂在其能有家臣？孔子心之所重，亦重在其有诸弟子，岂重在其能有家臣？子路泥礼未达，使诸弟子作为孔子之家臣，欲以大夫礼丧孔子，即诸弟子殆亦与子路同此见解。今经孔子发此一问，正好使子路及诸弟子共作深长之思。读此章者，当悟孔子当时言礼之真实分际所在，又当知孔子言礼，与其言仁言道所分别处。至于孔子之可尊，其所以为百世之圣者，在其创师道，不在其曾为大夫。此在今日，人尽知之。然在当时，即孔子弟子，或所不知。然孔子亦不欲明白以此自尊，而此一问，则已深切道出此意。此章虽具体叙述一事，而涵蕴义深，读者其细思之。"

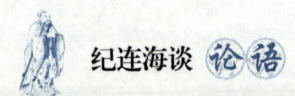
纪连海谈 论语

原文

子贡曰:"有美玉于斯,韫椟①而藏诸?求善贾②而沽③诸?"子曰:"沽之哉!沽之哉!我待贾者也!"

注释

①韫椟:藏在匣子里。韫,收藏。椟,匣子。
②贾:商人。
③沽:卖。

纪老师说

子贡为什么这么问呢?子贡长于经商,以价论孔子为美玉。孔子也是顺着他的话而言,说待贾或待善贾而沽,也就是待价而沽。

我们知道,"君子自比于玉",这里的美玉,其实是指孔子。至于说把美玉藏起来,那是隐士的生活状态。而把它卖了,才能实现美玉的价值。这里,子贡知道老师一直想被人重用,以实现自己的政治理想和人生价值。所以,子贡故意在这里哄他老师开心一下,而孔子也很开心,所以连说两个"卖了它"。只是现实多少让我们对这位可爱的老人有几分唏嘘和惋惜……他一辈子都未等到那个懂他的明君。

"和氏璧"的故事,更加印证了这世上有眼无珠的人太多啊。

楚国有个姓和的人，在楚山中得到一块未经雕琢的玉璞，于是他捧着去献给楚厉王。

楚厉王叫玉匠来鉴别，玉匠说："这是一块石头。"楚厉王认为和氏欺骗他，因而叫人砍去了他的左脚。

楚厉王死后，楚武王登上王位，和氏又捧着它去献给楚武王。楚武王又叫玉匠来鉴别，玉匠也说："这是一块石头。"楚武王也认为和氏欺骗了他，因此又叫人砍去了他的右脚。

楚武王去世后，换楚文王登位。和氏抱着那块玉璞在楚山脚下号啕大哭。楚文王听到这个消息，便派人去问他痛哭的缘由。和氏说："我并不是为了被砍去脚而悲痛啊！我悲痛的是把宝玉称作石头，我悲痛的是正直忠诚的人被当作骗子。"

楚文王听完后，这才叫玉匠打磨那块玉璞，果然从中得到了一块珍贵的宝石，于是把它命名为"和氏璧"。

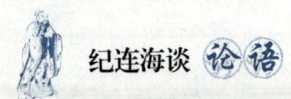

原文

子欲居九夷①。或曰:"陋②,如之何?"子曰:"君子居之,何陋之有?"

注释

①九夷:泛指东方的少数民族。
②陋:简陋。

纪老师说

对当代人而言,最早熟识这句话多数不源于孔子这里,而源自刘禹锡的《陋室铭》:"山不在高,有仙则名。水不在深,有龙则灵。斯是陋室,惟吾德馨。苔痕上阶绿,草色入帘青。谈笑有鸿儒,往来无白丁。可以调素琴,阅金经。无丝竹之乱耳,无案牍之劳形。南阳诸葛庐,西蜀子云亭,孔子云:'何陋之有?'"

我们不难发现圣贤经典真正的启用,正在人生际遇的每一个当下。昔日,孔子周游列国,本欲行道于天下,但君不明,臣不贤,自己的治国之道无人问津。于是,孔子想到九夷、到海外去,这是哀叹"道不行",这是情非得已。

然而有人不知,向孔子提出疑惑:"陋,如之何?"

孔子曾受困于陈蔡，生命受到威胁，可他还能从容地歌唱，与此相比，物质条件匮乏算得了什么呢？所以孔子说："君子居之，何陋之有？"的确，环境开化与否容易影响人居住的意愿，但是对于圣人或君子而言，他坚定的信念或智慧是不会被环境所左右的，相反，他会以自身的修为及能力去改变所处的环境，甚至带动环境往良性的、美善的方向去发展。

写下《陋室铭》的刘禹锡，被贬二十三年，每到一处，都积极作为。在连州任刺史四年半，重新修缮海阳湖，建亭立榭，带来了中原文化，使海阳湖成为岭南地区的文化名园。他还把中原的农耕技术带入连州，教当地百姓用机械汲水灌溉农田，垦复梯田，发展农业生产，改善人民生活。

"君子居之，何陋之有？"掷地有声，鼓舞了多少后世志士于危难之时！这世间多一个君子，便多一处圣境。

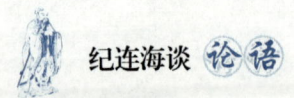

原文

子曰:"吾自卫反①鲁,然后乐正②。《雅》《颂》③各得其所。"

注释

①反:同"返",回来。

②乐正:使音乐归正。

③《雅》《颂》:指乐曲。

纪老师说

孔子在鲁哀公十一年冬(公元前484年)从卫国返回鲁国,那年他已经六十八岁了。距离他在鲁定公十三年(公元前497年)五十五岁时离开鲁国,已经过了十三年。他没"乘桴浮于海"(《公冶长》),也没有"居九夷"(《子罕》)。他把希望从当前转向后代,开始了"删《诗》《书》,订《礼》《乐》"的文化传承工作,"《雅》《颂》各得其所。"

孔子是上古文化的集大成者,中国文字三千年有演变,但其内核保存了下来,这使我们可以穿越两千五百年的历史迷雾直接聆听孔子的箴言,感受中华文化的博大精深。

原文

子曰:"出则事公卿,入则事父兄,丧事不敢不勉①,不为酒困②,何有③于我哉?"

注释

①勉:尽力。

②困:指因酒醉而误事。

③何有:即"何难之有"的省略。

纪老师说

圣人之道,不唯在高深之处,亦在平常生活中。

"出则事公卿,入则事父兄。"也就是出则忠信,尽社会责任;入则孝悌,尽家庭责任。忠信孝悌是人在社会各项道德规范中最核心的四大要素,也是言行举止的行为规范。

"不为酒困"谈的是"礼"。酒可以喝,能通经活血,但不能多喝,酒多乱性,性乱则违礼。"酒"不仅仅指的是酒,"酒"代表了声色犬马、酒醉金迷,代表了人对物质的欲望。两千五百多年前的孔子已经将不为酒困和事公卿、事父兄、勉丧事等大事放在一起来说,可见酒困之危害,不为酒困之困难。

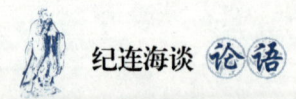

历史记载，比孔子稍早的楚国名将子反，酷爱饮酒，在晋楚鄢陵（今河南鄢陵西北）大战前夜，得下属献上的美酒，开怀畅饮，醉得不省人事。

当晋军在夜色掩护下进攻楚国时，楚王急召子反商量对策，看到子反大醉不醒，长叹一声"天败楚国"，只能下令撤军，晋军大获全胜。事后，子反自杀谢罪。历史上诸如此类的事件还有不少，足以令后人引以为戒。

此外，酗酒或饮酒过度导致的疾病，也令人担忧。历史文化名人李白、陶渊明才华盖世，但都嗜酒如命，子孙无成。因此，尽管饮酒至今仍是一种风尚和文化，但我们应当提倡适度、适量、文明饮酒，要学孔子"不为酒困"。

原文

子在川上曰:"逝者如斯夫①!不舍②昼夜。"

注释

①斯夫:斯,这,指河水。夫,语气词。
②舍:停留,居住。

纪老师说

这是孔子临川而作的哲学思考,万事万物都在运动变化发展,不分白天黑夜运行不息,犹如江湖河流之水,奔腾而去。

圣人之言,微言大义,后人据此而用的"水"论颇多,我们看看《孔子集语》中的记载。

孔子观赏东流之水。子贡向老师发问说:"君子看见大水一定要观赏,是为什么?"

孔子说:"流水浩大,普遍地施与各种生物而仿佛无为,好像德;它流动起来向着低下的地方,弯弯曲曲一定遵循流动的规律,好像义;它浩浩荡荡无穷尽,好像道;如果掘开堵塞使它通行,它回声应和原来的声响,奔赴百丈深谷也不怕,好像勇;注入量器时一定很平,好像法;它注满量器后不需要刮平,好像正;它温软地可以到达所有细微的

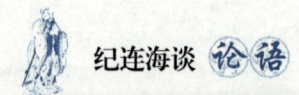

地方，好像（明）察；各种东西在水里出来进去，便鲜美洁净，好象善于教化；它经历万千曲折也一定向东流去，好像志。所以君子看见大水一定要观赏它。"

所以，"子在川上曰：'逝者如斯夫！不舍昼夜。'"这句话，一定是孔子临川而望，触景生情，抒发的人生感慨。

孔子一方面感叹时光易逝，往事难再；另一方面以水为喻，勉励我们进德修业，都应该像那永不止息的河水一样，孜孜不已，不舍昼夜。

往日如流水，一去不复返；逝者不可追，来者犹可惜。让我们且行且珍惜！

原文

子曰:"吾未见好德如好色者也。"

纪老师说

在《论语》的记载中,孔子曾两次说到"吾未见好德如好色者也",这里是一次,还有一次在《卫灵公篇》里,这里的德就是指美德,色就是指美色。

定公十三年春,齐国送八十名美女到鲁国。季桓子接受了女乐,君臣迷恋歌舞,多日不理朝政。孔子气愤地离开鲁国。

没想到,到了卫国,卫灵公也是如此。《史记》说:"孔子居卫,灵公与夫人同车,使孔子为次乘,招摇市过之。"孔子认为这是丢丑的事,所以说出了这句话。

其实,本章不一定是对某个事件而发的,可能是孔子对时人不好德而好色的感慨。

"饮食男女,人之大欲存焉""食色,性也"。爱美好色是人的天性,德行修养则是后天的选择。在本性与后天选择之间,顺性而为自然无所阻碍,而德行修养则需要限制自己的言行举止,限制自己的不合理的欲望。自己给自己加上一把锁,显然不是每个人都愿意做的,因而喜好德行修养的人,比喜好美色的人,自然而然少之又少。

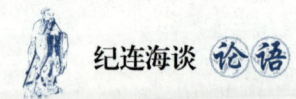

　　好色是一种建立在生理基础上的心理，好德则是超越这个层面的一种提升，孔子其实也不否认前者，但是他的任务则是引导人们从前者走向后者。

　　孔子真意是说，君子如能把好色之精神用到好德上，天下何愁不大治？

　　《孟子》中记载："寡人有疾，寡人好色。"意思是，齐宣王说他自己有一个毛病，那就是爱好女色。大家看孟子的回答是多么的妙啊："从前周太王也喜爱女色，非常爱他的妃子。《诗经》说：'周太王古公亶父，一大早驱驰快马。沿着西边的河岸，一直走到岐山下。带着妻子姜氏女，勘察地址建新居。'那时，没有找不到丈夫的女人，也没有找不到妻子的男人。大王如果喜爱女色，能想到老百姓也喜爱女色，这对施行王政有什么影响呢？"

原文

子曰:"譬如为山,未成一篑①,止,吾止也。譬如平地,虽覆一篑②,进,吾往③也。"

注释

①未成一篑:只差一筐土就堆成了。篑,装土的筐子。

②虽覆一篑:即使刚刚倒下一筐土。

③往:前进。孔子用这段话鼓励学生坚持不懈,不要中途停止。并说明停止或前进都取决于自己。

纪老师说

孔子用堆土和填土这两个形象的比喻,对照说明了学习要通过积累和依靠自己的道理,阐释了功亏一篑和持之以恒的深刻道理。

《诗经·大雅》中说:"靡不有初,鲜克有终。"意思是,没有不能善始的,可惜很少有能善终的。其实,不论学习、工作、事业,均应持之以恒、锲而不舍,这样才能成功,否则,就容易功亏一篑、半途而废。

凡尔纳是闻名世界的科幻小说作家,但很少有人知道凡尔纳为了发表他的第一部作品,曾经遭受过多么大的挫折。这里记录的,就是凡尔

纳的一段令人难忘的经历。

1863年冬天的一个上午，凡尔纳刚吃过早饭，正准备到邮局去，突然听到一阵敲门声，他开门一看，原来是邮递员。

邮递员把一包鼓囊囊的邮件递到了凡尔纳的手里。一看到这样的邮件，凡尔纳就预感到不妙，自从他几个月前把他的第一部科幻小说《乘气球五周记》寄到各出版社后，收到这样的邮件已经是第十四次了。

他怀着忐忑不安的心情拆开一看，上面写道："凡尔纳先生：书稿经我们审读后，不拟出版，特此奉还。"

每看到一封封这样的退稿信，凡尔纳心里都是一阵绞痛。这次是第十五次了，还是未被采用。凡尔纳此时已深知，那些出版社的"老爷们"是如何看不起无名作者。他愤怒地发誓，从此再也不写了。

他拿起手稿向壁炉走去，准备把这些稿子付之一炬。他的妻子赶过来，一把抢过书稿紧紧抱在怀里。此时的凡尔纳余怒未息，说什么也要把稿子烧掉。

妻子急中生智，以满怀关切的语言安慰丈夫："亲爱的，不要灰心，再试一次吧，也许这次能交上好运的。"听了这句话以后，凡尔纳夺书稿的手，慢慢放下了。他沉默了好一会儿，然后接受了妻子的劝告，又抱起这一大包书稿到第十六家出版社去碰运气。

这次没有落空，读完书稿后，这家出版社立即决定出版此书，并与凡尔纳签订了二十年的出版合同。

如果没有妻子的疏导，没有"再努力一次"的勇气，我们也许根本无法读到凡尔纳笔下那些脍炙人口的科幻故事，人类就会失去一份极其珍贵的精神财富。

原文

子曰:"语之而不惰者,其^①回也与!"

注释

①其:大概。表推测的语气词。

原文

子谓^①颜渊曰:"惜乎!吾见其进也,未见其止也。"

注释

①谓:评论,谈论。

原文

子曰:"苗而不秀^①者有矣夫!秀而不实^②者有矣夫!"

注释

①苗而不秀:庄稼出苗而不开花。秀,庄稼吐穗扬花。
②秀而不实:开花了没有结果。

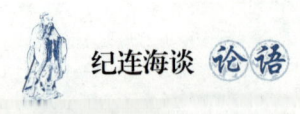
纪连海谈 论语

纪老师说

孔子有弟子三千,贤人七十二,在这么多学生中,孔子最喜欢的无疑就是颜回了。

这三章,写了孔子对颜回的赞扬和对他过早去世的惋惜。孔子说:"听我讲述而始终聚精会神不开小差的,大概就只有颜回一个。"直到颜回去世之后,孔子还说:"死得可惜啊!我只看到他前进,从未看到止步。"颜回真可谓是"好好学习,天天向上"的典范。

孔子在惋惜叹息后,基于颜回这样的好学生竟然早逝这个事实,推想到老天爷并不总是支持好人,自觉地努力追求,未必总能有好的结果,于是用这一章的语言表达了出来——"苗而不秀"和"秀而不实",这是孔子对颜回的感叹。颜回早逝后,孔子几乎是痛不欲生,仰天长呼:"天丧予!天丧予!"

在孔子故里,流传着孔子与他得意弟子颜回的许多故事,"三八二十三"的故事就是其中的一个。

有一次,颜回上街,见一家布店前围满了人。他上前一问,原来是买布的人和卖布的人在吵架,买布的大声说:"三八二十三,你为什么收我二十四个钱?"颜回见状,就上前劝架,对买布者说:"是三八二十四,你算错了,别吵了。"

谁知这人不服气,指着颜回的鼻子说:"谁要你来评理的?你算老几?要评理只有找孔子,错与不错只有他说了算!走,咱找他评理去!"

颜回说:"好。孔子若评你错了怎么办?"

买布的说:"评我错了输上我的头。你错了呢?"

颜回说:"我就把帽子输给你。"

于是，两人一起去找孔子。孔子问明情况后，对颜回笑笑说："三八就是二十三嘛，颜回，你输了，把帽子给人家吧！"

对孔子的评判，颜回表面上服从，心里却想不通。他认为孔子已老糊涂，便不想再跟他学习了。于是，第二天，他就借故说家中有事，要请假回去。孔子明白颜回的心事，也不挑破，点头准了他的假。

颜回临行前，去跟孔子告别。孔子要他办完事即返回，并嘱咐他两句话："千年古树莫存身，杀人不明勿动手。"颜回嘴上答应，便动身往家走。

路上，突然风起云涌，雷鸣电闪，眼看要下大雨。颜回钻进路边一棵大树的空树干里，想避避雨。他猛然记起老师说的"千年古树莫存身"，心想，师徒一场，再听他一次话吧，就从空树干中走了出来了。

他刚走出来，一个炸雷就把那棵古树劈了个粉碎。颜回大吃一惊：老师的第一句话应验啦！这时，他心里又琢磨着老师的第二句话"杀人不明勿动手"，却嘀咕着：我是一个文人，难道我还会杀人吗？

颜回赶到家，已是深夜。他不想惊动家人，就用随身佩带的宝剑，拨开了妻子卧室的门闩。颜回到床前一摸，啊呀呀，南头睡个人，北头睡个人！他怒从心头起，举剑正要砍，又想起老师的第二句话"杀人不明勿动手"。

他点灯一看，床上一头睡的是妻子，一头睡的是妹妹。于是，他很庆幸临行前老师送给他的两句话。

第二天，天刚刚亮，颜回就赶了回去，见了孔子便跪下说："老师，您那两句话，救了我、妻子和我妹妹三个人哪！您是怎么知道要发生的事呢？"

孔子把颜回扶起来说："昨天天气燥热，估计会有雷雨，而路上你

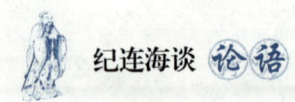

要避雨,因而我提醒你'千年古树莫存身。'你又是带着怨气走的,身上还佩带着宝剑,因而我告诫你'杀人不明勿动手。'"

颜回向老师鞠了一躬:"老师料事如神,学生十分敬佩!"

孔子又开导颜回说:"我知道你以为我老糊涂了,所以不愿再跟我学习,因此借口请假回家。你想想:我说三八二十三是对的,你输了,不过输个帽子;我若说三八二十四是对的,他输了,那可是一条人命啊!你说帽子重要还是人命重要?"

颜回恍然大悟,"扑通"跪在孔子面前,说:"老师重大义而轻小是小非,学生差之甚远,我真是惭愧万分!"从这以后,孔子无论去到哪里,颜回再没离开过他。

原文

子曰:"后生可畏,焉知来者之不如今也?四十、五十而无闻①焉,斯亦不足畏也已。"

注释

①无闻:没有名声。

纪老师说

这句话,有两层含义,前一句是鼓励,后一句是鞭策。

前句是说年轻人的潜力不可限量,立志当早。"长江后浪推前浪,一代新人在成长",正在茁壮成长的新一代年轻人必定会超过老一辈。

"后生可畏",这是对历史发展的前瞻,是对未来的希望。尽管孔子本人已经达到很高的高度,但还是认为后来人一定会有大成就的,孔子对未来充满信心。

后句"四十、五十而无闻焉,斯亦不足畏也已",这是勉励进德修业,有时不我待的意思。既是对一事无成之人的悲叹,但更重要的是从反面告诫年轻人要珍惜青春的宝贵时光,奋发努力,自强不息,不要虚度了年华,否则,等四五十岁一事无成时,会悔之晚矣。作为年少者,听到这话,就是要用对将来可能失败的警觉来逼迫现在的行动,正如陶

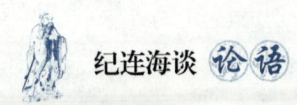

渊明所说:"盛年不再来,一日难再晨。及时当勉励,岁月不待人。"

关于后生可畏,还有个小故事呢。

孔子在游历的时候,碰见三个小孩,有两个正在玩耍,另一个却站在旁边。孔子觉得奇怪,就问站着的小孩为什么不和大家一起玩。小孩很认真地回答:"激烈的打闹能害人的性命,拉拉扯扯的玩耍也会伤人的身体;再退一步说,撕破了衣服,也没有什么好处。所以我不愿和他们玩。这有什么可奇怪的呢?"

过了一会儿,小孩用泥土堆成一座城堡,自己坐在里面,好久不出来,也不给准备动身的孔子让路。孔子忍不住又问:"你坐在里面,为什么不避让车子?""我只听说车子要绕城走,没有听说过城堡还要避车子的!"孩子说。孔子非常惊讶,觉得这么小的孩子,竟如此会说话,实在是了不起,于是赞叹他说:"你这么小的年纪,懂得的事理真不少呀!"小孩却回答说:"我听人说,鱼生下来,三天就会游泳,兔生下来,三天就能在地里跑,马生下来,三天就可跟着母马行走,这些都是自然的事,有什么大小可言呢?"孔子不由感叹地说:"好啊,我现在才知道少年人实在了不起呀!"

原文

子曰:"法语之言①,能无从乎?改之为贵。巽与之言②,能无说③乎?绎④之为贵。说而不绎,从而不改,吾末如之何⑤也已矣。"

注释

①法语之言:合乎法则的话。

②巽与之言:谦恭柔顺的话。巽,谦逊,恭敬。与,称许。

③说:同"悦"。

④绎:分析。

⑤如之何:固定结构。怎么样,怎么办。

纪老师说

这里讲的第一层意思是言行一致的问题。听从那些符合礼法的话只是问题的一方面,而真正依照礼法的规定去改正自己的错误,才是问题的实质,不能当是风过耳。

第二层的意思是忠言逆耳,而顺耳之言的是非真伪,则应加以仔细辨别。面对顺耳的言语,一定要分析它的事理,不能光顾着傻高兴,看不清说者的用意。

对于孔子所讲的这两点,今天还值得我们借鉴。

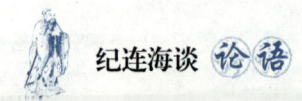

　　台湾作家林清玄在读高二时，他的学业和操行都是学校的劣等，记了两次大过、两次小过，被留校察看，甚至还被赶出了学校的学生宿舍。许多老师对他已经不抱什么希望了，但他的国文老师王雨苍却没有嫌弃他，常常把他带到家里吃饭，有事请假时，还让他给同学们上国文课。王老师告诉他："我教了五十年书，一眼就看出你是个能成大器的学生。"这句话让林清玄感动和震撼。为了不辜负老师的一片苦心，他从此发奋努力，决心做一个对社会有用的人。

　　有趣的是，几年后，已经做了记者的林清玄，在写一篇报道小偷作案的文章时，有感于小偷思维之缜密、作案手法之细腻，情不自禁地在文章最后发出感叹："像思维如此细密，手法那么灵巧，风格这样独特的小偷，做任何一行都会有成就的！"他不曾想到，这无心为之顺势而来的一句话，竟影响了一个青年的一生。二十年后，当年的小偷已经脱胎换骨，重新做人，成了一位小有名气的企业家了！

　　在一次与林清玄的邂逅中，这位老板诚挚地对林清玄说："林先生写的那篇特稿，点亮了我生活的盲点，它使我想到，除了做小偷外，我还可以做正经事呢！"

原文

子曰:"主忠信,毋友不如己者,过则勿惮改。"

纪老师说

这段话重出,见《学而篇》第八章。重出的目的在于强调"过则无惮改",借以突出"法语之言"章的主题。

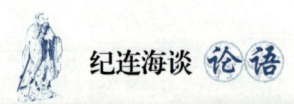

原文

子曰:"三军①可夺②帅也,匹夫③不可夺志也。"

注释

①三军:周代诸侯大国有三军,这里代指军队。
②夺:改变。
③匹夫:一个普通的人。

纪老师说

三军虽众,人才济济,则其将帅可夺而换之;匹夫虽微,苟守其志,不可得而夺之。"匹夫不可夺志",反映出孔子对于"志"的高度重视,甚至将它与三军之帅相比。

"志"就是人的志向、志气,对于一个人来讲,是努力的方向,如果能制定一个确切的目标,并且向着这目标矢志不渝地努力迈进,不受任何威胁利诱,便能成功。

此章成为普遍引用的名言,两千五百多年来不知道激励了多少的中华儿女,使他们堂堂正正挺立在人世间,也成了中华民族威武不屈的民族精神之一。

钱伟长是我国科技界的"三钱"(钱学森、钱三强)之一,被称为中国近代的"力学之父""应用数学之父"。他1931年报考清华大学，其成绩为：中文和历史满分100分，物理5分，数学20分，英语0分。他作为"偏材生"，被清华大学历史系录取。

钱伟长入学的第二天就发生了"九·一八"事变。在国难当头之际，钱伟长要求改读物理系。他说："我要学造飞机大炮。"但他的物理基础太差，经过软磨硬泡，校方勉强同意他试读一学期，跟不上再回历史系。

在试读的半年中，钱伟长废寝忘食，极度用功，他自创了一套自主学习方法，补习物理基础知识，逐步赶上了班上物理教学进度，毕业时，他成为物理系学习成绩最好的学生之一。

1938年他以优异成绩考取"庚子赔款"公费留学生，终于成为一代科学大家，为我国近代科技发展做出了不可磨灭的贡献。试想，一个物理入学成绩仅考5分的学生只用一学期就赶上教学进度，又用四年时间学得出类拔萃，这需要付出怎样的艰辛和汗水！这其中的奥秘又在哪里？

答案是：报国之志给了他巨大的驱动力，"志向"是"发动机"，它能够发挥出人体的最大潜能。

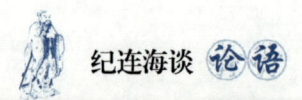

原文

子曰:"衣敝缊袍①,与衣狐貉②者立而不耻者,其由③也与?'不忮不求④,何用不臧⑤?'"子路终身诵之。子曰:"是道也,何足以臧?"

注释

①敝缊袍:破烂的丝棉袍。

②狐貉:指狐皮与貉皮制的皮袍。

③由:仲由。

④不忮不求:不嫉妒不贪求。忮,嫉妒。

⑤何用不臧:为什么不好呢?臧,善,好。这两句诗出自《诗经·邶风·雄雉》。

纪老师说

孔子表扬仲由能做到不嫉妒、不贪求,不因为物质贫穷而在富人面前自惭形秽,认为仲由能做到这样是一种"有道"的表现。

子路听到老师的夸赞后,心里很得意,于是常常念叨那两句诗。孔子见子路常诵此诗,担心他只满足于此,故告诫他:"只做到这样,怎能说已够好了呢?"其潜台词为:人的修养,其实还有更高的境界。

他希望子路不要满足于目前已经达到的水平，因为仅是不贪求、不嫉妒是不够的，还要有更高更远的志向，才能成就一番大事业。

孔子告诫我们面对他人的称赞，要以平常心对待，不要得意忘形、骄傲自满，否则，后果不堪设想。关羽败走麦城的例子，就说明了这一点。

三国鼎立的局面形成之后，魏、蜀、吴三国各占一方地盘，但又都想吞并对方。

北伐中原、复兴汉室是蜀汉的既定战略，刘备、诸葛亮无时无刻不在为此操心。关羽受命据守荆州，伺机北进。

关羽出师北进，俘虏了魏国将军于禁，并将魏国征南将军曹仁围困在樊城，取得了显赫的战果。

当时镇守陆口的吴国大将是吕蒙，他回到建业，称病要休养，其实是想谋划对付关羽。部将陆逊来看望他，两人自然而然谈论起了军国大事。

陆逊说："关羽平时经常欺凌别人。现在节节胜利，立下大功，就会更加自负自满。又听说您生了病，对我们的防范就有可能要松懈下来。他一心只想讨伐魏国，如果此时我们出其不意地对其进攻，肯定能打他个措手不及。"

吕蒙对陆逊的见识大为叹服，就向孙权推荐陆逊代替自己前去陆口镇守。

陆逊一到陆口，马上给关羽写信道："你大败魏军，立下赫赫战功，这是多么了不起的事啊！就是以前晋文公在城濮之战中所立的战功、韩信在灭赵中所用的计策，也无法与将军您相比啊。我刚来这里任职，学识浅薄，经验不足，一直很敬仰您的美名，所以恳请您多多指教。"

关羽接到陆逊的信,自然被信中的好话吹捧得晕晕乎乎,而且由此想当然地认为陆逊不过是无名之辈,不足为惧,对后方吴国也就更放心了。

陆逊在稳住关羽后,暗中加快军事部署,待条件具备后,指挥大军,一举攻克蜀中要地南郡。关羽败走麦城,终遭杀害。

就这样,关羽为他的自负与轻敌付出了沉重的生命代价。

原文

子曰:"岁寒,然后知松柏之后凋也。"

纪老师说

陈毅元帅有诗云:"大雪压青松,青松挺且直。要知松高洁,待到雪化时。"这首诗所表示的意境,与孔子的这句话异曲同工。"岁寒",不只局限于自然灾害,而包括所有的困难和危机。

人是有骨气的,作为有远大志向的君子,就像松柏那样,不会随波逐流,而且能够经受各式各样的严峻考验。孔子的话,语言简洁,寓意深刻,值得我们深入思考。

"时穷节乃现,一一垂丹青",五千年的文明,造就了一大批守节的义士,他们在历史的天空如星辰般,熠熠生辉,苏武是其中的一颗。

公元前100年,中郎将苏武奉命出使匈奴,因随行人员参与了匈奴人的叛乱而被扣留。在危难之中,苏武处处维护民族的尊严和国家的利益,既表现了对匈奴的修好之愿,又抱定必死的决心,决不"屈节辱命"。

面对卫律始而威胁,既而利诱,最终又以断水绝粮相逼等手段的逼迫,他都从容处之。

在受审时,他甚至以自刎来避免受辱。后来的审讯中卫律当场"剑

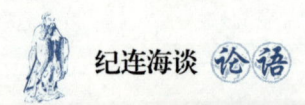

斩虞常"以此胁迫汉使,副使张胜在此情况下投降了,而苏武面对卫律之剑,岿然不动。卫律又以富贵劝诱,苏武则直言怒斥,更以两国安危责之。

匈奴又采取各种手段,迫苏武就范未成,匈奴单于将苏武流放至荒无人烟的北海(今贝加尔湖)牧羊。身陷绝境的苏武以草根野鼠为食,面对南天,怀念祖国,强烈的爱国信念,使他顽强地与困境抗争。他在极为艰苦的条件下还是"杖汉节牧羊,卧起操持",念念不忘自己是汉朝的使者。

匈奴又派故人李陵来劝降,企图打消他对汉朝的眷恋之情,苏武不作正面的交锋,只是以君臣和国家的大义自剖心迹,反倒使李陵感到羞愧,无言以对。他孤身一人与羊群相伴十九年,始终不辱汉使气节。

公元前81年,因匈奴与汉和好,白发苍苍的苏武被遣回朝。苏武临大节而不辱,经磨难而不屈,坚贞不渝的民族气节和爱国之心,几千年来一直为人们所传颂。

原文

子曰:"知^①者不惑,仁者不忧,勇者不惧。"

注释

①知:同"智",聪明,智慧。

纪老师说

智是辨惑的功夫,仁是立身的境界,勇是应物的本领。

孔子重视智慧,智慧的人能知言,知人(知人者智),明事理,辨是非。他也重视勇,勇敢的人有担当。但孔子要的智和勇,是合乎仁又服务于仁的智和勇。用今天的话说,就是一个人应该有理想道德、有智慧、有勇气,智慧勇气服务于理想道德。有此三者,那么人就会因理想远大、胸怀宽广、坦荡无私而不忧,因能明辨是非而不惑,因其勇合乎正义而无所畏惧。

智慧是人生最宝贵的财富,谁拥有了它,谁就拥有了成功的希望。我们都知道《三国演义》中的诸葛亮,他是一个智多星,他的聪明才智超过一般人。看过这本书的人都熟知"空城计"和"草船借箭"的故事,都是表现诸葛亮智慧过人、用计取胜的战例。智慧对一个人来说是不可缺少的,而一个有智慧的人对一个集体、一个军队来说也是至关重

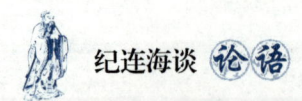

要的,所谓"千军易得,一将难求",就是从拥有智慧和指挥才能的人的角度讲的。所以,刘备才"三顾茅庐"请诸葛亮,而诸葛亮也确实没有辜负刘备,用他的大智指挥蜀军取得了一个又一个胜利。可以说,刘备看重的并不是诸葛亮这个人,他看重的是诸葛亮的智慧。

原文

子曰:"可与共学,未可与适道①;可与适道,未可与立;可与立,未可与权②。"

注释

①适道:适,往,赴,追求;道,真理。
②权:权变。

纪老师说

我们每个人身边的人际关系千丝万缕、错综复杂而具有不同的层次,就是说,有的朋友可以和你高谈阔论,但是不能真的追求什么理想;有的可以追求"道",但是把持不住,碰到大的考验就动摇。有些人能持守住,但是死板,因此还要"可与权"——"权"是随机应变的选择,不但要求人有道德,还要有智慧。

古代有两位兵法家,庞涓和孙膑,他们两个一起跟鬼谷子学习,可以说是同门师兄,但是两个人秉性完全不同,到最后还自相残杀。庞涓心术不正,处处想陷害孙膑,他自己却落得个被乱箭射死的下场。

唐朝出现了一个很大的祸乱,就是安史之乱。那时候因为唐玄宗宠爱杨贵妃,国政荒废,结果安禄山开始作乱,几个月之内,半壁江山

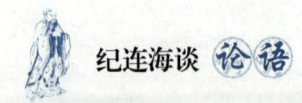

都被占领了,那些科举出身、读圣贤书的人到哪里去了?统统都举白旗投降。刚好有两个忠臣,张巡、许远死守睢阳城,誓死抵抗,安禄山的军队就打不过去,这才让唐朝的军队得以喘息,得以重新调整,重新备战。假如没有张巡、许远,唐朝可能就败掉了。所以诸位同修,你的人生能够有这些知心至友,很可能在你危难的时候,他们能够真正帮你化解。后来安禄山把张巡、许远抓起来,对他们严刑拷打,叫他们投降,结果他们不肯,还大骂安禄山,安禄山把他们的牙齿都拔掉,他们依然含着血骂。这应该是可"立"的典范。

原文

"唐棣①之华②,偏③其反而,岂不尔思④?室是远而⑤。"子曰:"未之思也,夫何远之有?"

注释

①唐棣:又作棠棣,一种树木。

②华:同"花"。

③偏:通"翩",随风摆动。

④岂不尔思:难道是我不思念你吗?

⑤室是远而:家离得远。

纪老师说

对这首逸诗的解释后人众说纷纭,莫衷一是,就连后代的大儒朱熹也对此感到挺郁闷的。

如果读过《诗经》,会觉得"唐棣之华"这句眼熟,原来在《诗经·召南》中有这么一句:"何彼襛矣,唐棣之华?曷不肃雍?王姬之车。何彼襛矣,华如桃李?平王之孙,齐侯之子。其钓维何?维丝伊缗。齐侯之子,平王之孙。"

这首诗是表达周平王之孙与齐庄公之女喜结连理的颂歌。周平王是东周中兴的英明之君，周平王之孙是未来王位的继嗣人，想必是位英俊少年，与齐侯之女结婚，可称是门当户对、郎才女貌。"其钓维何？维丝伊缗。"言二者的结合犹如丝之安弦，丝弦调和象征着国家的团结与统一。再看"何彼襛矣，唐棣之华"，这两句的解释为"二者的结合为何能使人感到有如此的璀璨与艳丽啊"。原来正是由于二者的结合创造了东周王朝的复兴安定而受到人民欢迎的"唐棣之华"，也就是民族团结之花，国家统一之花，生活幸福之花，人民希望之花。这段诗在抗日战争前期很有名，经常被人引用，就是因为其包含有许多文化、政治方面的喻意。

孔子读到这几句诗，心中感慨，说道："未之思也，夫何远之有？"

意思是你这是给自己找借口。远，可能确实远，但你若真想与她在一起，下定决心去找她，哪有什么远呢？

若一心追求，岂有求之不得之理？

乡党篇

原文

孔子于乡党①，恂恂如也②，似不能言者③。其在宗庙朝廷，便便言④，唯谨尔。朝，与下大夫⑤言，侃侃如也⑥；与上大夫言，訚訚⑦如也。君在，踧踖⑧如也，与与⑨如也。

注释

①乡党：父兄、宗庙之所在地，也即本乡本土。古代一万二千五百家为乡，五百家为党。

②恂恂如也：温和恭顺的样子。如，形容词词尾。

③者：助词，用在陈述句末，表示比拟。前面有动词"似"呼应。可译为"……似的"或……一样"。

④便便言：同"辩辩"，形容说话明白清楚，非常健谈。

⑤下大夫：大夫是诸侯下面的一个等级。其中又有不同级别。最高一级称为卿，即上大夫，其余称为下大夫。孔子的地位相当于下大夫。

⑥侃侃如也：温和快乐的样子。

⑦訚訚：正直而恭敬的样子。

⑧踧踖：恭敬而不安的样子。

⑨与与：意思同"徐徐"。也即威仪适中的样子，面对国君神情态度既不过分紧张，也不显得轻慢。

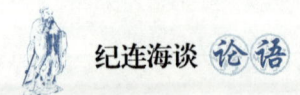
纪连海谈 论语

纪老师说

俗话说："到什么山上唱什么歌"，在不同的场合，对待不同的人应该用适合那个场合、那种人的不同语言方式和仪态，这不是庸俗，而是恰如其分的处世态度。

孔子在父老乡亲面前恭敬而近乎羞涩，很少说话，而在庙堂和朝廷上却明辩并且侃侃而谈，显出雄辩的样子。与作为政府高级官员的上大夫说话，与作为一般干部的下大夫说话，以及与作为国家元首的君主说话，都有不同的语言方式和仪态，他这是身体力行，坚守礼制。

其实，礼仪彰显个人魅力，在当代生活中有不可替代的作用。

曾任美国总统的老布什，能够坐上总统的宝座，成为美国"第一公民"，与他的仪态表现分不开。

在1988年的总统选举中，布什的对手杜卡基斯，猛烈抨击布什是里根的影子，没有独立的政见。而布什在选民中的形象也的确不佳，在民意测验中一度落后于杜卡基斯10多个百分点。未料两个月以后，布什以光彩照人的形象扭转了劣势，反而领先10多个百分点，创造了奇迹。

原来布什有个毛病，他的演讲不太好，嗓音又尖又细，手势及手臂动作总给人死板的感觉，身体动作不美。后来布什接受了专家的指导，纠正了尖细的嗓音、生硬的手势和不够灵活的摆动手臂的动作，结果就有了新颖独特的魅力。

在以后的竞选中，布什竭力表现出强烈的自我意识，改变了原来人们对他的评价，再配以卡其布蓝色条子厚衬衫，以显示"平民化"，终于获得了最后的胜利。

原文

君召使摈①，色勃如也②，足躩如③也。揖所与立④，左右手⑤，衣前后，襜如⑥也。趋进，翼如⑦也。宾退，必复命曰："宾不顾矣。"

注释

①摈：通"傧"。傧是负责接待宾客的官员。这里活用作动词，指接待宾客。

②色勃如也：脸色立刻变得庄重的样子。

③躩（jué）如：快步走的样子。

④所与立：和他站在一起的其他傧相。所字结构，有名词性质。

⑤左右手：使手向左、向右。即向左或向右拱手。

⑥襜（chān）如：整齐的样子。

⑦翼如：像鸟儿展翅一样。

纪老师说

孔子受君命接待贵宾，态度严肃，以显君威国威；行动迅速以显示干练，毫不含糊，有章有法，勤勉尽职；宾退，目送，直至宾客不再回头；孔子复命，报告外宾是否平安地离开了。

参见宾客的每一个动作，每一个细节都不苟行随意，这就是孔

子——一代至圣先师,让我们感受到了他的人格与魅力。

外交无小事,礼仪必先行。因为礼仪不仅仅关系到我们自身的形象,而且直接关系我们民族和国家的形象。

我国的首位外交官周恩来总理,便是上述方面的重要典范。

一次,柬埔寨西哈努克亲王要离京回国,周恩来带着几位将军一起去送行。

到了机场后,西哈努克亲王登上飞机,从舷窗里冲着大家挥了挥手,飞机开始起飞了。这时,几位将军见送行的任务已经完成,纷纷向机场出口走去。

原来,当时在体育场正举行一场足球比赛,中国对印尼,关系到中国队小组出线,非常重要,几位将军都约好了要去看,此时见西哈努克亲王已经上了飞机,便迫不及待地开始往外走。

周恩来一看,赶紧让身边的人去把他们叫回来,列队站好,等飞机在机场上空盘旋一圈,渐渐远去之后,周恩来这才转过身来,生气地问:"你们懂不懂外交礼仪?"

几位将军见总理生气了,都低着头不说话。

周恩来接着说,"好,我给你们再讲讲:给外宾送行时,不光要把外宾送上飞机,还要等飞机起飞,因为按照外交礼仪,飞机起飞后,还要在上空盘旋一周,表示对这个地方的留恋和感谢,我们送行的人更不能离开,要等飞机飞远了……"

周恩来讲了足足有半个小时,这才停下,看了看表,说:"我知道你们是急着想去看球赛,但再急的事也不能忽视外交礼仪。我给你们讲这么长时间,你们是不是觉得我在小题大做?我不是想当老师,而是故意让你们少看半场球,才能印象深刻。好了,下半场马上就要开始了,我们一起去吧。"

原文

入公门，鞠躬如①也，如不容。立不中门②，行不履阈③。过位④，色勃如也，足躩如也，其言似不足者。摄⑤齐升堂，鞠躬如也，屏气⑥似不息者。出，降一等⑦，逞⑧颜色，怡怡如⑨也。没阶，趋进，翼如也。复其位，踧踖如也。

注释

①鞠躬如：这里指谨慎恭敬的样子。

②立不中门：古礼，士大夫出入国君宫门时，只能由门中央所竖的两个短木（叫作"臬"）的右边进出门，而且不能踩着门坎。中门：即门的中央，指两个"臬"之间，供国君出入。

③阈（yù）：门坎。

④过位：古代大臣们议论政事，入朝经过国君站立的门、屏之间的位置时，国君虽不在，但臣子们的态度依然恭敬严肃。

⑤摄：提起。齐：衣服的下摆。

⑥屏气：屏住呼吸，憋住气。

⑦降一等：从台阶上走下一级。

⑧逞：放松，舒展。

⑨怡怡如：和悦轻松的样子。

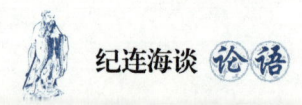

纪老师说

这一章，描写孔子对待国君的礼仪，体现了他对君王的恭敬、对生活的愉悦，对工作的严肃。

孔子的行仪，是面对各种外界环境时诚敬心态的自然反映，是对自己所宣讲的道的亲身实践。

君用君子为臣，臣以君子之道事君，则君正国荣。《史记·孔子世家》记载的夹谷会盟的故事，就是最好的证明。

鲁定公十年夏季，齐国大夫黎鉏对齐景公说："鲁国任用了孔子，恐怕要危害到齐国。"于是，齐景公就派遣使者到鲁国，要与鲁定公在齐国的夹谷这个地方会盟。齐景公事先就拿定主意，不仅要屈辱鲁国，而且要杀掉鲁定公。

鲁定公要乘车前往表示两国友好，孔子担任代理宰相。孔子说："臣听说有礼义方面的事情一定要有武力方面的准备；有武力方面的事情一定要有礼义方面的准备。自古以来，诸侯离开自己的疆域，一定都要有随从的官员，请君让左右司马跟随。"鲁定公答应了，并带领着左右司马来到夹谷。

在夹谷，齐景公建造了高台，官员分三个等级侍奉，根据两国国君会盟之礼相见，相互揖让而登上高台。献礼酬答之礼完毕，齐国的主管官员出列而向前走了几步说："请演奏四方之乐。"齐景公答应了。于是，齐国人手持刀枪剑戟等武器喊着叫着出场了。孔子按照礼仪，小步快行而上，站在中间的台阶上，抬起胳膊说："我们两国国君举行友好会盟，为什么演奏这样的夷狄音乐呢？请齐君问一下主管此事的官员。"齐国主管官员让那些人退下去，但他们不退，齐景公的左右人员看着宰相晏子和齐景公。景公心中惭愧，挥手让他们退下去了。

不久，齐国主管官员小步快走向前，说道："请演奏宫中的音乐。"景公答应了。唱歌演戏的倡优侏儒就前来戏耍。孔子小步快走向前，步步登上台阶，站在中间台阶上，说："无德之人却要迷惑诸侯，依法应当责罚。请齐君下令给主管官员。"齐国的主管官员依法而行，斩杀了那些倡优侏儒。

齐景公很恐惧，心中有所动，知道自己的所作所为不合乎礼义，回去之后更加恐惧，告诉他的群臣说："鲁国官员根据君子之道辅佐国君，而你们却偏偏用夷狄之道教导寡人，使寡人得罪鲁国国君，你们看应该怎么办？"主管官员向前回答道："君子如果有过错，就以实质性的事情来谢罪；小人如果有过错，就用文辞表示谢罪。国君如果有悔，就可以用实质性的事情来谢罪。"于是，齐景公就把当初侵占鲁国的郓城、汶阳、龟阴三地归还给鲁国表示谢罪。

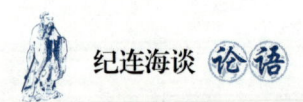

原文

执圭①，鞠躬如也，如不胜。上如揖，下如授。勃如战色，足蹜蹜②，如有循③。享礼④，有容色⑤。私觌⑥，愉愉如也⑦。

注释

①圭：一种上圆下方的玉器，举行典礼时，臣都拿着不同质量的圭。这里指大夫出使别的诸侯国时，拿在手里代表君主的土圭。

②蹜蹜（sù）：脚步细碎频促的样子。

③有循：即有所循。沿着……走。循，沿着。

④享礼：即享献礼。指使者向所出使的国家贡献礼物的一种仪式。使者初到出使之国，先行聘问礼，聘问之后，就举行享献礼仪。使臣把所献的礼品全部罗列廷堂。享，献。

⑤有容色：和颜悦色。

⑥私觌（dí）：私人身份的会见。觌，相见。

⑦愉愉如也：轻松愉快的样子。

 纪老师说

本章记孔子出使邻国之礼。

代表国家出使，处处恭敬谨慎，国家礼法大于代表国家的个人，当存敬畏，傲视礼法就会践踏礼法。以私人身份觐见则不同，代表的是自己，责任也就小得多，感觉也就轻松自如得多。孔子依礼而动，处处表现出与礼相应的情感，不只是有礼的外在形式。

因为奉命出使，要维护外交使节的权威，维护国家的尊严，要不辱使命。因此，我国外交史上流传着许多故事，晏婴"不辱使命，雄辩四方"广为人知。

晏子不仅德行出众，而且头脑机敏，能言善辩。有一次，晏子奉命出使楚国，楚王听说后，对左右人说："晏婴，是齐国最能言善道之人，现在他要来，寡人欲羞辱他一番，该如何做呢？"

于是，左右之人献计种种。

待到晏子如期出使楚国，至城门口时，楚人想要嘲笑他身材矮小，因此故意不开正门，而是在正门旁开了个小门来迎接他。

在古时，家居院落等会在正门旁的墙根开个小门或留一小洞，方便狗儿出入。

晏子见此，并没有从小门进入，而是对迎接的官员说道："只有出使狗国者，才从狗门而入；而今晏婴出使楚国，不当由此门而入。"

迎宾官员一听，脸色发红，却无言以对，只得打开城门，请晏子从大门堂堂正正进入。

晏子觐见楚王后，楚王为之设宴赐酒。坐定后，楚王故意问晏子："难道齐国没有人了吗？怎么派你当使者呢？"

晏子作礼答道："齐国的临淄城有七千五百户，人人张袖可成阴，

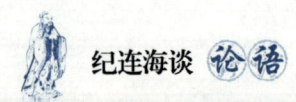

挥汗可成雨,行人来往川流不息,站立时必须并肩接踵,怎么会没有人呢?"

楚王仍问:"那为什么要派你出使呢?"

晏子答道:"齐国派遣使者,各有所出使的对象,贤者出使于贤君,不贤者出使于不贤之君。晏婴最为不肖,故最适合出使楚国。"

晏子的回答不卑不亢,维护了国体,楚王自取其辱。

原文

君子不以绀緅饰①，红紫不以为亵服②。当暑，袗絺绤③，必表而出之④。缁⑤衣，羔裘；素⑥衣，麑⑦裘；黄衣，狐裘。亵裘长，短右袂⑧。必有寝衣⑨，长一身有半。狐貉之厚⑩以居。去丧，无所不佩。非帷裳⑪，必杀⑫之。羔裘玄冠⑬不以吊。吉月⑭，必朝服而朝。

注释

①绀緅饰：绀（gàn），青中透红的颜色。这是斋戒服饰的颜色。緅（zōu），黑中透红的颜色，即绛色，比绀色更暗，是丧服的颜色。饰，衣服领子的镶边。

②亵（xiè）服：平常在家时穿的衣服，即便服。亵服不用红紫色，是因为夏天人们认为红紫色是贵重的颜色，只能作礼服的颜色。

③袗絺绤：袗（zhěn），单衣。这里活用作动词，当穿单衣讲。絺（chī），细麻单衣。绤（xì），粗麻布衣。

④表而出之：把麻布单衣穿在外边，里面还要衬有内衣。表，表面，外面。这里活用作动词，当穿在外面。出之，使麻布衣露在外面。也即穿在外面，和"表"意思一样。

⑤缁（zī）：黑色。

⑥素：白色。

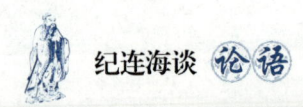

⑦麑（ní）裘：小鹿皮做成皮的衣袍。按古代穿皮衣，其毛坯向外，所以外面必须穿罩衣，即这里所说的缁衣、素衣、黄衣。这些外衣必须与皮衣颜色相配。麑，小鹿。

⑧短右袂（mèi）：右手的袖子短一些。这是为了便于做事。袂，袖子。

⑨寝衣：指睡衣。古代大被叫衾，小被叫被。

⑩狐貉之厚：厚手的狐皮貉皮。

⑪帷裳：上朝和祭祀时穿的礼服。用整幅布做成，多余的布打成褶缝，不裁掉，故上窄下宽，像帏帐。

⑫杀（shài）：去掉，剪裁。

⑬玄冠：黑色的礼帽。羔裘、玄冠都是黑色的，古代用作吉服，故不能穿戴它去吊丧。吊丧要穿白色丧服。

⑭吉月：每月初一。

纪老师说

在孔子看来，一定的服饰积淀了一定的伦理观念，就自然会对人起作用，要求与一定规范的仪容、言谈、举止相适应。因此他对服饰的要求非常严格。

一是穿戴要符合社会礼俗。"君子不以绀緅饰"，就是不用深青透红或黑中有红的布做衣服的领子与袖子。因为"绀"是斋戒时服装的颜色，"緅"则是丧服的颜色，平常随意使用不符合礼仪。

二是讲究穿衣服要分场合。着装一定要适合客观环境的需要，要做到"朝服而朝"，在上朝时，一定要穿上朝服，只有穿上了朝服，才能去拜见国君，这表示对君主的尊重。上朝和参加祭祀仪式时穿的礼服，要宽袍大袖，会增加礼节仪式中的美感；平常穿的衣服必须要勒紧、束紧，这样会比较利索等。

三是讲究色彩搭配和谐。"缁衣，羔裘；素衣，麑裘；黄衣，狐裘"，高贵的裘皮衣要搭配和谐色调的罩衣，才能显现出高贵典雅的气质。

在等级社会中，服饰是一个人地位身份的外在标志。春秋时期楚国的公子围，当他还任令尹之职时，就用了国君的服饰仪仗，有国君的威仪。卫国的北宫文子见了说："楚令尹简直就像国君了。大夫用了国君的服饰，恐怕有篡位的意思了！"果不出所料，第二年公子围便杀了国君自立为王，这就是后来的楚灵王（《左传·襄公三十一年》）。服饰仪仗，成了内心思想的外在表现。服饰的违制犯禁，暴露出内心的企图。

古今中外，着装从来都体现着一种社会文化，体现着一个人的文化修养和审美情趣，是一个人的身份、气质、内在素质的无言的介绍信。所以作为现代人的我们穿衣也一定要向孔子学习，要符合身份，符合场合，还要注意色彩搭配的和谐美观。

原文

齐①，必有明衣②，布。齐必变食③，居必迁坐④。

注释

①齐：通"斋"，斋戒。古人祭祀前必须斋戒，斋戒前必须沐浴。

②明衣：沐浴后穿的浴衣。

③变食：改变平常的饮食，指不饮酒，不吃荤，不吃葱、韭、蒜等浓厚气味的菜蔬。

④迁坐：指从内室迁到外室居住，不和妻妾同居。

原文

食不厌精，脍①不厌细，食饐而餲②，鱼馁而肉败③，不食。色恶，不食。臭恶，不食。失饪④，不食。不时⑤，不食。割不正⑥，不食。不得其酱⑦，不食。肉虽多，不使胜食气⑧。唯酒无量，不及乱⑨。沽酒市脯⑩，不食。不撤姜食，不多食。

注释

①脍（kuài）：切细的牛羊鱼肉。

②饐而餲：指放久，变馊臭了的食物，程度上有区别。

③鱼馁而肉败：馁（něi），鱼腐烂。败，肉腐烂。这里都指不新鲜。

④失饪（rèn）：指烹调得不好。饪，烹调。

⑤不时：指有关祭祀规定的时间。

⑥割不正：古人宰杀牛羊时，分解肢体有一定的分法。不合指定分法的叫割不正。

⑦不得其酱：吃不同的肉食要用不同的佐料酱醋等，不得其酱，指所食的东西与作料的酱等不相配。

⑧气（jì）：通"既"。《说文》"小食也。"指饮食适可而止。

⑨乱：神志错迷，指酒醉。

⑩脯（fǔ）：熟肉干。

原文

祭于公①，不宿肉②。祭肉不出三日。出三日，不食之矣。

注释

①祭于公：即助君参加公祭。古代，大夫、士都有助君祭祀之礼。

②不宿肉：不使祭肉过夜。宿，使动用法。古代，天子、诸侯祭祀时，当天清晨宰杀牲畜，然后举行祭典。第二天又祭，叫绎祭。绎祭完后，参加祭祀的人都可以领到一份胙（祭肉）。但这些肉已经放了两天，所以拿回家必须立即吃掉或送人，以表示不亵渎鬼神。

原文

食不语，寝不言。

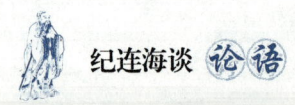

原文

虽疏食①菜羹，必祭②，必齐如③也。

注释

①疏食：粗糙的米饭。

②祭：这种祭是食前将席上各种食品拿出少许，祭古代最初发明饮食的人。

③齐如：像斋戒一样，恭敬而严肃。

原文

席不正，不坐。

纪老师说

以上六章，都是祭祀期间的要求。从祭祀前的沐浴更衣，斋必变食，到祭祀期间的饮食、祭祀期间的要求等，都体现了孔子的礼节周到。

他主张"食不厌精，脍不厌细。"以不厌精细为前提，对饮食提出具体要求，应当怎样办，不应当怎样办。

儒家思想讲"礼"，当然饮食中就有"礼"的体现。《礼记·礼运》云："夫礼之初，始诸饮食。其燔黍捭豚，污尊而抔饮。"这是说礼的产生，是从饮食开始的。古时把黍米切割成块烤熟而食，用双手捧着小坑里的积水喝，都是礼的最初的体现。到了春秋战国时期，饮食已经大大进步了，礼也体现得更多了。

"虽疏食菜羹，必祭，必齐如也。"这更是孔子的伟大之处。即使他吃的是非常简单的粗米饭、蔬菜汤，吃饭前也要把它们取出一些来祭祀，而且表情要像斋戒时那样严肃恭敬。

这也促使我们现代人去反思——对赖以生存的食物，我们有没有心怀感恩？

刘向在《说苑》中记录了这样一个故事：

鲁国有一个人家里很穷，平时吃的饭都是在粗糙的陶盆中煮成的，他自己吃起来觉得非常香，于是感到很自豪，便赠送了一些给孔子。孔子非常庄重地接受了这些食物，而且很感动、很高兴。

孔子的弟子对此看在眼里，非常不理解，于是就问孔子："老师，您接受如此粗劣的食物，为什么还这样高兴呢？"

孔子回答说："他给我的食物确实很粗劣，味道不好。我感到高兴的原因是，他虽然贫穷，却没有把我给忘了，他吃到味道好的食物时，还能想到要分给我。这是一种亲近之情。所谓礼薄情意深，就是这个道理了。"

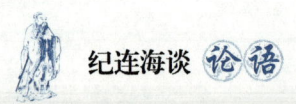

原文

乡人饮酒，杖者①出，斯出矣。

注释

①杖者：扶拐杖的人，指60岁以上的老人。这是个者字结构，名词性质。

原文

乡人傩①，朝服而立于阼阶②。

注释

①傩（nuó）：古人敬神、驱逐疫鬼的一种仪式。
②阼（zuò）阶：大堂前东面的台阶，主人立在这里欢迎客人。

纪老师说

这两章记孔子居乡之事：孔子参加重大的乡饮酒礼时，对于年长者的尊重；乡人傩时，孔子的态度。

"长者先，幼者后；长者立，幼勿座。"弟子规的要求源于孔子对礼制的要求，乡人饮酒散场时，孔子总是要等老年人都离开后，才离席而去。

乡人傩时，孔子"朝服"，盛装出行，表示对祭祀诚敬之心。"立于阼阶"，傩祭，难免有扰杂狎戏不够庄重之处，可远观而不可近狎。盛装示敬，立阶示庄。

自古就有政府与民同乐的礼俗。例如清朝的元宵玩灯，即可窥其一斑。民众联合几个村庄，向政府登记，举一灯官，扮演政府官员，或扮宰相，帅众拜访当地巡抚，巡抚亦派员接见，或扮演县官问案，等等。由此可见古时官民同乐的遗风。因此，乡人傩有可能是记孔子做鲁司寇时与民同乐的状况。

尊老敬老不仅是一种孝道，更是一种礼仪。这种礼仪在今天仍值得我们继续保持，不管是聚餐、座谈，还是观看大型晚会……在散场前都应该让老年人先离场，之后我们再离场。

据说至今在韩国依然保留着浓厚的尊老传统，即使是在企业间的商业活动中，也一样保留着"尊老敬老"的风俗，彼此如果第一次见面，相互寒暄时不是像英国人那样谈天气好不好，也不是像中国人那样谈吃没吃过饭，更不像日本人那样谈论谁的级别更高一些，而是谈论彼此年龄有多大。即便这一方是有求于另一方的供应商，只要这一方的年龄比另一方大，那么在会谈时的气氛，立刻就不同了，另一方年龄小的就立刻会对这一方非常客气恭敬起来。

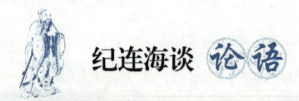
纪连海谈 论语

原文

问人于他邦，再拜而送之。

纪老师说

伴随着人类文明的发展，必然发展起来的是礼节，古今中外，概莫能外。

所以时至今日，我们仍在应用一个词，这个词就是在我们像孔子一般，请人办事，临别时说的话——拜托，何谓拜托？以拜而托之也。

孔子周游列国，自然在各诸侯国交了不少朋友。朋友者，知心也。但古代交通不方便，要与朋友知心相谈倒真还不容易。所以要表达朋友之情，就得托人代以问候。这便是"问人于他邦"。

但古代的"问"，不是简单地捎个"好"就行了，还得有礼物，以表诚心。就像我们现在说给某人带个好，再送上点土特产之类的。要去他邦的人，必然身负重任，至少身负责任，孔子请人帮忙，都是"再拜而送之"，要"拜"两次，还要亲自送受托者。可见礼节之隆重，心意之真诚。

送礼以示友好的事情，自古有之。

"千里送鹅毛"的故事就发生在唐朝。当时，云南一少数民族的首领为表示对唐王朝的拥戴，派特使缅伯高向太宗贡献天鹅。

路过沔阳河时，好心的缅伯高把天鹅从笼子里放出来，想给它洗个澡。不料，天鹅展翅飞向高空。缅伯高忙伸手去捉，只扯得几根鹅毛。缅伯高急得顿足捶胸，号啕大哭。随从们劝他说："已经飞走了，哭也没有用，还是想想补救的方法吧。"缅伯高一想，也只能如此了。

到了长安，缅伯高拜见唐太宗，并献上礼物。唐太宗见是一个精致的绸缎小包，便令人打开，一看是几根鹅毛和一首小诗。诗曰："天鹅贡唐朝，山高路途遥。沔阳河失宝，倒地哭号啕。上复圣天子，可饶缅伯高。礼轻情意重，千里送鹅毛。"

唐太宗莫名其妙，缅伯高随即讲出事情原委。唐太宗连声说："难能可贵！难能可贵！千里送鹅毛，礼轻情意重！"

这个故事体现着送礼之人诚信的可贵美德。今天，人们用"千里送鹅毛"比喻送出的礼物单薄，但情意却异常深厚。

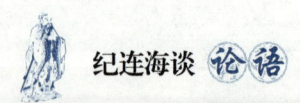

原文

康子①馈②药，拜而受之。曰："丘未达③。不敢尝。"

注释

①康子：即季康子，姓季孙，名肥。鲁哀公时为正卿。

②馈：赠送。

③达：通达，了解。

纪老师说

季康子大家是知道的，杀弟夺位，孔子不会喜欢他，但季康子毕竟是大夫，所以孔子还是遵循礼法，拜谢并接受了赠药，但又直言自己不知药性如何，所以不敢吃这副药。

孔子之所以拂了季康子面子，一来出于直言不讳的品格，二来或是真怕药性不符。

读这章，我总觉得孔子是气死人不偿命的主儿，让季康子挑不出半点儿毛病，因而只能干生闷气。

朱熹《四书集注》："大夫有赐，拜而受之，礼也。未达不敢尝，谨疾也。必告之，直也。"

没错，孔子主张"人之生也直""以直报怨，以德报德"，始终以直待人，对是非恩怨也看得分明。

但他的"直"并非不讲情理，不知权变，而是遇事灵活，合于情理。

父亲偷了羊，儿子举报他，孔子觉得这不叫"直"，在孔子看来，人性胜过一切。从亲情出发，儿子肯定不愿意父亲坐牢，听从自己的内心为父亲隐瞒，才是真正的性情，是符合人伦的"直"。

孟子也曾回答过类似问题：假如舜作为天子，他父亲杀了人，舜该怎么做？孟子先说要照抓不误，随后又补充到，舜应该抛弃天子之位，偷偷救出父亲一起逃走，从此归隐海滨。照抓不误是天子之"职"，偷救父亲是儿子之"直"。

由此观之，孔子也好，孟子也好，他们讲的都是人心、人性之"直"。

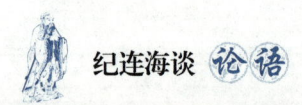

原文

厩①焚。子退朝,问:"伤人乎?"不问马。

注释

①厩(jiù):马棚。

纪老师说

马在春秋时代是重要的交通工具,其价值有逾今日之轿车。马厩失火,好比地下存车处失火。孔子对此第一反应是"伤人乎?"不问马。这就是仁者情怀。

学圣人言,仿圣人行。时至今日,如果把孔子"问人不问马"的人本思想运用到生活工作中,将受益无穷。

迪士尼游乐园是美国哈佛大学校长格罗·佩斯设计的。主体工程完工后,游乐园的路径还没有设计出来。格罗·佩斯一直不满意自己的设计,并多次否决了自己的设计。

一天,他开车到野外兜风,发现路旁有许多葡萄园。其中有一处与众不同,葡萄园里只有一位老妇人,于是他与这位妇人进行了交谈,得知,因雇人不容易,老妇人便让来买葡萄的人到园里自己摘,并称,没想到每年都是她卖出的时间最早,收入最高。格罗·佩斯听完老夫人的经历，不由心中一动，何不如此设计游乐园的路径。

于是，回去之后，他让工人在游乐园所有的空地上都撒上了草种，不几天小草发芽。格罗·佩斯让游乐园提前三个月对外开放。一开始，因没有路，游人不敢走，格罗·佩斯告诉游人，在游乐园里想怎么走就怎么走，没有任何限制。于是，几天过后，草地上清晰地呈现出被人踩出的优雅自然的小道。这些小道，走的人多的地方就宽些，走的人少的地方就窄些。格罗·佩斯就让人沿着人们自然踩出的痕迹修了路。

这是从未有过的路径设计，既和谐自然，又满足了游人的需要。因为游乐园的路径设计独特，尊重了游人的自主选择，1971年被评为世界最佳设计。

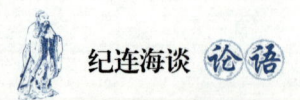

原文

君赐食，必正席先尝之。君赐腥①，必熟而荐②之。君赐生，必畜之。侍食于君，君祭，先饭③。

注释

①腥：指生肉。

②荐：供奉，进奉。这种供奉，不是祭祀。

③先饭：吃饭，这里指尝一尝饭食。名词活用作动词。"先饭"是一种礼节，一般都是膳夫先尝，国君后吃。臣子侍食时，也都要先尝尝。

原文

疾，君视之，东首①，加朝服，拖绅②。

注释

①东首：头朝东。方位名词活用作动词。古人卧榻一般摆在户窗的西面。国君从东边台阶走上来（东阶即阼阶，平时为主人的位向，国君是全国的主人，故来时从东阶上），所以孔子头朝东迎接他。

②绅：束在腰间的大带子，束后，仍有一节垂下来。

原文

君命召，不俟驾行矣。

纪老师说

此三章记录孔子侍奉国君的"为臣"之礼。贯穿其中的是两个字："恭敬"。恭恭敬敬，小心谨慎，时时不忘自己臣子的身份，时时事事提醒自己面对的是国君。

虽记录孔子事君之礼，但反过来看，无论是君赐食、赐腥、赐生，还是君祭、君视疾，国君亦循礼而行。

君待臣以礼，臣侍君以忠。因此，"君命召，不俟驾行矣。"即国君呼唤，孔子不等待车辆驾好马，立即先步行。招之即来，勤勉于政，唯君命是从。

鲁国人焚烧大泽之中堆积的草。当时刮着北风，大火向南烧去。鲁哀公担心会烧到国都所在地，很惊恐，就自己带领众人去救火。鲁哀公左右的人全部去驱赶野兽了，因为不想让野兽被火烧死，但没有人去救火。于是，召来孔子询问应该怎么办。

孔子说："去驱赶野兽是件快乐的事，而且不会因此而受惩罚；救火是件苦事，而且难以因此而得到赏赐，这是没有人去救火的原因。"

鲁哀公说："说得好。"

孔子说："现在事情紧急，来不及用赏赐的方法；再者，假如来救火的人都要进行赏赐，那么，恐怕国家财富也不足以赏赐这么多的人。因此，请国君只用惩罚的方式。"

鲁哀公说："好吧。"

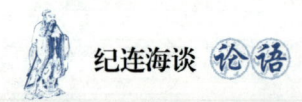

于是，鲁哀公就下令说："不去救火的人，按照逃兵治罪；只去驱赶野兽的人，按照私入禁地治罪。"

这样一来，所传的命令还没有普遍传到每人的耳朵中，火已经被扑灭了。

原文

入太庙,每事问。

纪老师说

见《八佾篇》重出,有人认为《八佾篇》就一时一事而言,本章就一贯行事而言,前者记"点",后者记"面"。文重意不重。

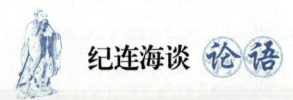

原文

朋友死，无所归①，曰："于我殡②。"

注释

①所归：所字结构，名词性质，即没有归宿地。这里指没有亲人收殓。

②殡：停放棺柩，等待埋葬叫"殡"。这里指办理一切丧葬事务。

原文

朋友之馈①，虽车马，非祭肉，不拜②。

注释

①馈：指馈赠之物。这里作名词用。

②不拜：不行拜谢之礼。这是因为朋友之间有通财之谊，孔子非常注意朋友间这种友谊，所以即使是车马等贵重物品，接受时也不拜。而转赠国君赐的祭肉自然要拜。就是朋友送的家祭祭肉，因为是敬他们祖先的，也是要拜的。

孔子的交友之道,不以物质利益做取舍,宝马香车不以为意,看重的是精神交流,因有视富贵如浮云的心思,才会有不顾一切为友发丧的事情发生,才会有赤诚相待重礼不拜的事情发生。

有一次,孔子受命到郯国去向郯子请教礼的问题。在路上,他碰到了一个人,此人叫程子,博学善辩。于是,孔子就和这个陌生人攀谈起来。两个人越说越有兴致,越有兴致越说。两个人就在大路中央,把两辆车紧紧地靠在一起,说了一天,以致忘了赶路和吃饭。"倾盖而语终日,甚相亲。"幸亏那时交通不拥堵!

临别时,孔子回头对子路说:"拿一束帛赠给程子先生!"子路不太愿意,就对孔子说:"我听说,士人不经过中间人的介绍,女子出嫁而不经过媒人的介绍,君子对于这样的人不和他们交往,因为这是礼节的问题。"孔子劝子路说:"《诗经》上说,'有一个美人,眼睛清澈明亮而宛丽。邂逅相遇,正适合我的心愿啊。'如今我能在路上碰到程子这样的贤士,此时不赠送给他,则恐怕终生不能见到了。子路你就按我的话去办吧。"孔子路上偶遇贤士,就像遇到美人那样高兴,那种让子路送"束帛"的告诫,都可想见孔子是个好交朋友、待人真诚的人。

忽然想起了"白头如新,倾盖如故"这句话,是啊,不相知的人,虽然同处到头发白了,仍然等同于陌生人;而相知的人,即使是短暂一遇,却能和老朋友一样肝胆相照。

这大概说的就是孔子与程子这样的人吧。

原文

寝不尸①，居不容②。

注释

①尸：像尸体一样直挺着四肢。名词活用作动词。

②居不容：居，居处，家居。容，容仪。这里指注重容仪。名词活用作动词，有的版本作"客"。不容，指不必像参加祭祀和接见宾客一样仪态端庄严肃。

纪老师说

"寝不尸"，是说在寝室行动可以随意，不必端坐如尸。"居不容"，孔子居家，安然自适，不以客礼与家人相处。

人的起居，既要讲养生，也要讲舒适。正式场合与非正式场合是要区分的，该正襟危坐时不可马虎，该自由随便时也不要矫揉做作。在单位时就应该严肃认真，回到家里了就应该轻松活泼。如果不是这样，人岂不是活得太累了吗？

《孔子家语·观乡射第二十八》有云：

有一次，子贡参观完十二月合祭百神的祭礼，回来后拜见孔子，孔子于是问子贡说："赐，你觉得快乐吗？"

子贡答道:"一国的人都高兴得像发了狂似的,可是我并不觉得有什么可快乐的。"

孔子微笑着说:"百日的劳苦,一天的欢乐,这是君主的恩泽,不是你所能了解的啊。每日紧张劳苦却不休息,就连文王、武王也办不到;而只放逸享乐却不努力,文王与武王也是不做的。能够劳逸结合,有紧有松,才是真正的文武之道啊!"

这正是"一张一弛,文武之道"的来历。

《格言联璧》有云:"天下最有受用,是一闲字,然闲字要从勤中得来。天下最讨便宜,是一勤字,然勤字要从闲中做出。"

倘若我们懂得劳逸结合,松紧有度,不但不会荒废时光,身心也不至于过度疲劳。

珍爱生命当从和谐身心开始,会休息的人才会工作。

原文

见齐衰者①，虽狎②，必变。见冕者与瞽者③，虽亵，必以貌。凶服者式之。式④负版者。有盛馔⑤，必变色而作。迅雷风烈必变。

注释

①齐衰者：穿着孝服的人。齐，通"斋"，衰，丧服。

②狎（xiá）：亲近，亲密。冕者：戴着礼帽的人，多指大夫。

③瞽者：盲人，多指担任乐官的盲人。

④式：同轼，车前横木。作动词用，指低头俯身，双手伏在车横木上，表示敬意。

⑤盛馔（zhuàn）：丰盛的筵席。

纪老师说

这里主要是强调孔子对于生命、天命的敬畏。

夫君子如孔子者，平时是温和恭顺，然也有变色而作之时，那就是：遇穿丧服的，遇当官的和盲人乐师，遇丰盛筵席，遇迅雷大风。那么必然变色而作，分别表达的是庄敬悲戚，礼貌而恭敬，礼节而致谢，收敛而敬畏。孔子的"变色"，显示了有同情心、感恩心、敬畏心。

遇迅雷而变色的人还有一个，那就是刘备。

东汉末，曹操挟天子以令诸候，势力大；刘备虽为皇叔，却势单力薄，为防曹操谋害，不得不在住处后园种菜，亲自浇灌，以为韬晦之计。

一天，刘备正在浇菜，曹操派人请刘备，刘备只得胆战心惊地一同前往入府见曹操。曹操不动声色地对刘备说："在家做的大好事！"说者有意，听者更有心，这句话将刘备吓得面如土色，曹操又转口说："你学种菜，不容易。"这才使刘备稍稍放心下来。

曹操说："刚才看见园内枝头上的梅子青青的，想起以前一件往事（即"望梅止渴"），今天见此梅，不可不赏，恰逢煮酒正熟，故邀你到小亭一会。"刘备听后心神方定。随曹操来到小亭，只见已经摆好了各种酒器，盘内放置了青梅，于是就将青梅放在酒樽中煮起酒来，二人对坐，开怀畅饮。

酒至半酣，突然阴云密布，大雨将至，曹操大谈龙的品行，又将龙比作当世英雄，问刘备："请你说说当世英雄是谁？"刘备装作胸无大志的样子，说了几个人，都被曹操否定。

曹操此时正想打探刘备的心里活动，看他是否想称雄于世，于是说："夫英雄者，胸怀大志，腹有良谋，有包藏宇宙之机，吞吐天下之志者也。"

刘备问："谁能当英雄呢？"

曹操单刀直入地说："当今天下英雄，只有你和我两个！"

刘备一听，吃了一惊，手中拿的筷子，也不知不觉地掉到地下。正巧突然下大雨，雷声大作，刘备灵机一动，从容地低下身拾起筷子，说是因为害怕打雷，才掉了筷子。

曹操此时才放心地说："大丈夫也怕雷吗？"

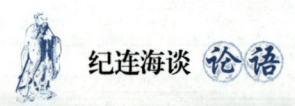

刘备说:"连圣人对迅雷烈风也会失态,我还能不怕吗?"

刘备经过这样的掩饰,使曹操认为他是个胸无大志、胆小如鼠的庸人,曹操从此再也不疑刘备了。

原文

升车,必正立,执绥①。车中,不内顾,不疾言,不亲指。

注释

①绥(suí):上车时扶手用的索带。

纪老师说

本章记孔子上车及驾车的仪容姿态,一是从安全考虑,这应该是主要的;二是贯彻自己让礼制无所不在的思想。

俗话说:"出车行船三分险。"不论古今,行路驾车都有危险因素,需多加小心。我想孔子把它们搞得这样严肃、正经和规范,也并非虚张声势或故弄玄虚,它对驾车人是一个提醒。至于不回头,不交谈,不指指画画,那既是对驾车者的礼貌,也是为自身安全考虑。

读这章,忽然想起《爱情公寓》常出现的"墨菲定律"。

墨菲定律是美国的一名工程师爱德华·墨菲做出的著名论断,亦称莫非定律、莫非定理或摩菲定理,是西方世界常用的俚语。墨菲定律主要内容是:事情如果有变坏的可能,不管这种可能性有多小,它总会发生。这就意味着在生产生活中,如果存在安全隐患,就一定有引发事故的可能。而孔子升车之举,与之甚合,可以防患于未然。遗憾的是,我

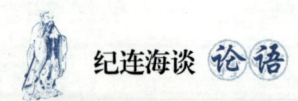

们没有人将孔子的这一举动总结成法则、定律，否则哪还有什么墨菲定律，完全可以叫孔丘定律嘛。

其实，我们交通事故的频发，不更证明了孔子小心驶得万年船的正确吗？

原文

色斯举矣①。翔而后集②。曰:"山梁雌雉,时③哉时哉!"子路共④之,三嗅⑤而作。

注释

①色斯举矣:面部表情。斯,就。举,指高兴的扬眉。

②集:鸟停留落在树上。

③时:时机,这里用作动词,懂得时势,见机而作的意思。

④共(gǒng):通拱。

⑤嗅:唐石经《论语》作"戛"jiá,戛,鸟长叫声。作,飞起。

纪老师说

孔子看到山谷里的野鸡能够自由飞翔,自由落下,这是"得其时"。而自己却不得其时,想自己一生,车马劳顿,东奔西走,一走便是十四年,却没有获得普遍响应,抱负终无所施展,因此,在看到野鸡时,才有感而发。

俗话说:"机不可失时不再来。"机遇对于每一个人来说至关重要。它有的时候可以改变一个人的命运。

拿破仑这个科西嘉人聪明过人,才华横溢,但总得不到上司的重

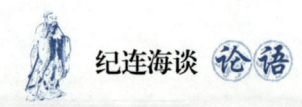

用，在一次攻打土伦的战斗中，他的军事才能发挥了作用，致此一举成名，以后便飞黄腾达，成为法兰西共和国皇帝。

那是1793年9月，当时拿破仑还是一个小小的上尉，被派往参加围攻土伦的战役。拿破仑一到防守坚固的土伦，就仔细观察，然后向革命军南方面军特派员萨利切蒂提出了新的作战方案。特派员对新方案十分欣赏，立即任命拿破仑为攻城炮兵副指挥，并提升他为少校。

拿破仑立刻意识到这是一个机会，他要尽力一博，争取成功。于是他全身心投入战前的筹划准备中，显示了过人的精力、才智和胆略。最后土伦战役取得了胜利。拿破仑在土伦战役中初露锋芒，赢得了将士们的交口称赞。1794年1月14日，法国共和国救国委员会破格提拔拿破仑为少将旅长。

土伦之战虽然规模不大，但拿破仑能抓住机遇，终于一举成名，这也是他日后叱咤风云的开端。

先进篇

原文

子曰:"先进于礼乐①,野人②也;后进于礼乐③,君子④也。如用之,则吾从⑤先进。"

注释

①先进于礼乐:指先学习礼乐而后做官的人。关于"先进""后进"历来都有很多解释,我们采用刘宝楠《论语正义》之说,它符合孔门"学而优则仕"的观点。

②野人:指在野的读书之人,没有官爵的人。

③后进于礼乐:与"先进于礼乐"相对而言,指先做官,为了统治的需要,再去学习礼乐的人。

④君子:指享有世袭特权的卿、大夫及其子弟。

⑤从:听从。这里作"用""选用"讲。

纪老师说

孔子在《孝经》中说:"安上治民,莫善于礼;移风易俗,莫善于乐。"为官治国必以礼乐。

先习礼乐而后为官者,为乡野平民,系"学而优则仕";先为官而后习礼乐者,为世袭之君子,系"仕而优则学"。

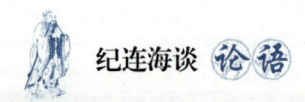

孔子主张"学而优则仕",反对任人唯亲。

孔子的这一思想非常了不起,中国社会制度在秦汉发生了重大变化,从封建制变成郡县制,就和孔子这些思想有很大关系。朝廷如果要用人,就要用民间读书出身的人,而不用贵族子弟。

事实证明,民间读书出身的官员,的确不乏好官。

陈善,字以昆,新厝硋灶人,生活于清康熙至乾隆年间。清乾隆七年(1742)中进士,因家境贫寒,无钱送礼进贡,被延至乾隆庚午(公元1750年)才授他为"邵武学正"。陈善为官清廉,政绩显著,始提升为"纠察都堂"职。

陈善在邵武任职多年,经常下乡体察民情,指导农事。他对农作物、果树优良品种重视培育和推广。有一年金秋季节,陈善告假回乡探亲,正遇家乡硋灶村甘柿成熟,他见家乡的甘柿不但果子结得很少,而且颗粒小,核又多,产量很低,回到邵武后即四处寻找甘柿良种,发现当地有一种甘柿,果大、质软、味甜、无核、产量很高。在他告老还乡时,带回柿苗,栽种于埕头园中。经他精心培育、改良,几年后柿树硕果累累,压弯枝头,果色如芦柑,产量比本地柿树多一倍。后来,他培植柿苗一千多株,赠送村中果农种植。数年后,柿子大丰收,人们就把这种柿称为"陈善柿"。

后来,这种柿苗传到永莆仙三个县,以这种柿制成柿饼,被华侨带到侨居地赠亲友,深受欢迎。他们把"陈善柿饼"与兴化桂圆干、荔枝蜜、福清枇杷膏,并称为"佳果四珍"。

真正的"陈善柿"柿树,如今硋灶村仅剩十一棵,果子产量比其他柿树高百分之七十以上。无核率占百分之八十。在渠道旁的一棵,由于水分充足,无核率达百分之九十,年产量达六百至七百多斤。

原文

子曰:"从我于陈、蔡者①,皆不及门也②。"

注释

①从我于陈、蔡者:指孔子周游列国,在陈国、蔡国之间受困绝粮时跟随他的弟子们。公元前489年,孔子和他的弟子,在由陈国去蔡国的途中,被陈国百姓包围,绝粮七天,许多弟子饿得不能行走,后被楚国搭救。当时跟随孔子的有子路、子贡、颜渊等弟子。

②皆不及门也:都不在我这里了。门,门下,这里指受教的场所。

原文

德行①:颜渊,闵子骞,冉伯牛,仲弓。言语②:宰我,子贡。政事③:冉有,季路。文学④:子游,子夏。

注释

①德行:指能实行孝悌、忠恕等道德。这一章是孔子对十个学生的叙述,由弟子转述记载了下来。

②言语:指长于辞令,能办理外交。

③政事:指能按周礼的要求从事政事活动。

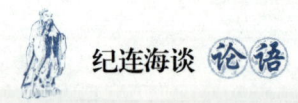

④文学：指通晓诗、书、礼、乐、文章等。

纪老师说 ●●●

孔子周游列国，曾在陈蔡交界之地遭受危难，一度断绝口粮，后人一般称之为"陈蔡绝粮"或"陈蔡之厄"。孔子沧桑暮年，蓦然回首，不禁喟然叹曰："从我于陈蔡者，皆不及门也。"同甘苦共患难，如今则各奔东西，不复在门下，怀念之情，溢于言表。

本章记载孔门十位高才生，后人称之为孔门"十哲"，并把他们分属的四个门类称为"孔门四科"。

陈蔡之困时，"孔门十哲"全部追随着孔子，同受绝粮之苦，是他最忠实的门下。

当时断粮七天，弟子们都饿得病了，孔子却弹琴唱歌。子路看见孔子在这样的情况下还唱歌，就问，"夫子唱的歌，是礼吗？"孔子不理睬他，直到唱完了，才说："子路，你过来，我告诉你。君子爱好音乐，是因为防止骄傲；小人爱好音乐，是因为消除恐惧。你是谁家的孩子，不了解我，却跟着我。"子路一听，笑了，于是拿起一把戚，随着孔子的歌声跳起舞来。

孔子脱困后，子贡执着马辔说，"我们大家跟着夫子遭到这样的劫难，千万不要忘了。"孔子说："不错，是什么不要忘掉呢？这陈蔡边境，是我的幸运，你们跟着我，也是你们的幸运。我听说，国君不遭困乏，就成不了王；烈士不遭困乏，就不能彰显他的品行，谁知道那激愤励志的开始，是否在这儿呢？"

因此，这一事件，不但关乎孔子及众门徒的性命，更是众门徒求索进步的良机。

著名作家李敬泽先生这样评价当时的孔子："这是中国精神关键时刻，是我们文明关键时刻，如同苏格拉底和耶稣的临难，孔子在穷厄考验下使他的文明实现精神升华，从此我们知道，除了升官发财打仗娶小老婆耍心眼之外，人还有失败、穷困和软弱不能侵蚀的精神尊严。"

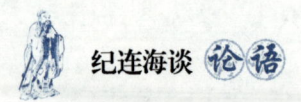

原文

子曰:"回也,非助我者也,于吾言无所不说①。"

注释

①说(yuè):同"悦",喜悦。

纪老师说

孔子之言,颜回一听就明白了。既然一听就能完全领会,便只喜悦于心,不再发问。既无问题,孔子便不能发挥,而在座的其他弟子就不能获益,因而孔子的教化不能普益他人,所以说:"回也,非助我者也。"

其实,这是孔子对颜回似贬实褒的赞扬,表面上对颜回不能提出问题,不能对自己辩难质疑有所助益,显得遗憾,实则非常喜欢他能领会自己的胸臆。

颜回很少发问,却表现得十分杰出,在孔子三千弟子、七十二贤中,名列前茅。

颜回对《周易》很有研究,《周易》是颜渊的家学之一。

孔子带着他的弟子在周游列国时,有一天,派子贡外出办事。子贡走后很多天不见回来,孔子十分担心。就用《周易》做了一次占卜。占卜时得了个"鼎"字，大家就七嘴八舌地说："鼎，无足，不来。"

颜渊在一旁，听了他们的争辩偷偷地笑。孔子看到后，对颜渊说："回，你的意思是说子贡必然回来吗?"

对《周易》，颜渊学得比较通透，理解精辟，应用比别人熟练。他分析了南方多水路的特点，做出了与众人不同的解释。

他说："无足，乘舟也。子贡必是乘船来，时间在早晨。"

第二天早晨，子贡果然坐船回来。

孔子感到惊奇，问颜渊："你是怎么知道的?"

颜渊说："南方坐船最方便，子贡常外出，他喜欢坐船。可我们这一带水浅，船多在早晨涨潮时航行，所以我说他早晨坐船来。"

孔子点了点头说："颜回真学到了《周易》的精髓啊！"

纪连海谈 论语

原文

子曰："孝哉闵子骞！人不间①于其父母昆弟之言。"

注释

①间（jiàn）：间隙。这里有挑剔、批评的意思。

纪老师说

我们的社会以家庭为基本单位，家庭既是幸福的依托，也可能是痛苦的场所，关键在人。闵子骞就是一个榜样。

闵子骞自幼丧母，父娶后母，生二子。继母对亲生的两个孩子十分疼爱，对闵子骞却十分刻薄，平时不是打就是骂，不给饭吃也是常事。这一切，闵子骞都默默地忍受了。

有一年冬天，闵父带着三个儿子外出，闵子骞坐在马车上直喊冷。脾气粗暴的闵父气愤地说："你弟弟们的棉袄比你的薄都不喊冷，你穿的比谁都厚还喊冷，你到底是安的什么心？"

说着，举起马鞭就打，闵子骞的棉袄被打破了，许多芦花纷纷扬扬地从棉袄里飞了出来。闵父见状，大吃一惊，撕开小儿子的棉袄一看，全是新棉花，原来是继母搞的鬼呀。闵父自觉错怪了孩子，抱着闵子骞落下了悔恨的泪水……

回了家，闵父狠狠打了继母一顿，接着又写了一纸休书。继母哭哭啼啼就要被赶出闵家门了，闵子骞见状，不但没有趁机煽风点火，还跪着求他父亲说："不能休儿母，不能休儿母，母在一儿苦，若是休儿母，仨儿都受苦。"

父亲听了这话非常惊讶，同时也深受震动，他想不到小小的孩子能这样明白事理，于是决定不再追究后母。而后母也很感动，从此就对闵子骞如自己亲生的孩子一样好了。

古人认为，闵子骞在处理与后母的关系时能保持纯良的心，是大孝的体现，因此将其列入"二十四孝"之一。

有诗赞曰：闵氏有贤郎，何曾怨晚娘？车前留母在，三子免风霜。

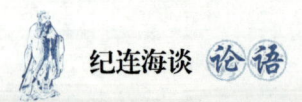

原文

南容三复白圭①,孔子以其兄之子妻之②。

注释

①南容三复白圭:南容反复诵读有关白圭的几句诗。白圭,国君和大臣们行礼时拿在手中的珍贵而莹洁的玉器。这里指《诗·大雅·抑》中的四句诗:"白圭之玷(diàn),尚可磨也;斯言之玷,不可为也。"意思是:"白圭的污点还可以磨掉,言语中的错误,就无法收回了。"南容用此诗告诫自己说话、做事要谨慎小心。

②妻之:嫁给他。妻,名词活用作动词。

纪老师说

在《公冶长》中,孔子称誉南容"邦有道,不废;邦无道,免于刑戮",故将侄女许配给他。

此章的主题相同,但讲了另一个原因,南容经常吟诵《诗》中关于白圭的诗句,这诗是告诫人们要谨言慎行。南容反复吟诵"白圭"这首诗,说明他十分赞同"谨言慎行"这一主张。

正因为他能谨言慎行,所以才能够"邦有道,不废;邦无道,免于刑戮"。

魏晋南北朝北周武帝末年，武官乌丸轨曾私下和大将军贺若弼谈论朝中机密事宜，并议论皇太子宇文赟的不是。

后来乌丸轨有次机会向武帝报告有关皇太子的是非，并称与大将军贺若弼深有同感；武帝随即召见贺若弼证明此事，但贺若弼想起父亲的教诲，便向武帝奏称："太子忠诚仁厚，我看不出他有什么不好的地方。"武帝听了并没有表示意见。

后来乌丸轨责备贺若弼不该有此违心之论，贺若弼叹曰："君不密则失臣，臣不密则失身。我父亲（贺敦）当初就是私下非议朝政，才被赐死，临死前还特别用针在我的舌头刺出血来，要我好好记取教训啊！"

果然，宇文赟继位后没多久，就以莫须有的罪名杀掉了乌丸轨。

原文

季康子①问:"弟子孰为好学?"孔子对曰:"有颜回者好学,不幸短命死矣,今也则亡②。"

注释

①季康子:姓季孙,名肥,谥号为"康"。鲁哀公时为正卿,是当时政治上最有权势的人。

②亡:通"无",没有。

纪老师说

这一章与《雍也篇》第三章所记详略不同者,恐怕没有什么深意,只是一时应答之简繁而已。

原文

颜渊死,颜路请子之车以为之椁①。子曰:"才不才,亦各言其子也。鲤②也死,有棺而无椁。吾不徒行以为之椁。以吾从大夫之后③,不可徒行也。"

注释

①颜路：颜回的父亲。名无繇（yóu），字路，也是孔子的学生，小孔子六岁。椁（guǒ）：古代有地位的人的棺木多是两层，里层的叫"棺"，外层的叫"椁"。

②鲤：孔子的儿子，字伯鱼。

③从大夫之后：跟随在大夫行列之后，意即当过大夫。孔子曾在鲁国当过司寇，此时虽已不在位，但应属大夫之列。按礼制，大夫出门必须乘车。

原文

颜渊①死。子曰："噫！天丧予！天丧予！"

注释

①颜渊：姓颜，名回，字子渊，春秋末鲁国人（今山东曲阜），小孔子31岁，是孔子最欣赏的学生。

原文

颜渊死，子哭之恸①。从者曰："子恸矣！"曰："有恸乎？非夫人之为恸而谁为②？"

注释

①恸（tòng）：极度悲痛，伤心。

②非夫人之为恸而谁为：我不为这样的人悲痛，还为谁悲痛呢？夫人，这个人。"夫人"是介词"为"的前置宾语。谁为，为谁。谁，疑

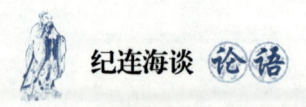

问代词作介词"为"的前置宾语。

原文

颜渊死,门人欲厚葬之。子曰:"不可。"门人厚葬之。子曰:"回也视予犹父也,予不得视犹子也。非我也,夫二三子也①。"

注释

①非我也,夫二三子也:(这种违背礼制的厚葬)不是我的主张,是你那帮同学干的呀。按颜渊的身份、地位及家庭的经济状况,本不该厚葬。孔子的感叹,实是责备那些主持厚葬的学生。二三子,一帮人,一伙人。

纪老师说

此四章记录了颜回的死引发的一系列事件,涉及的人很多,有颜回的父亲颜路、颜回的同学,当然孔子是最主要的人。孔门师徒全卷进去了。可见,颜回的死,是孔门的一件大事。

《史记》里有这样一段记载:"回年二十九,发尽白,早死。孔子哭之恸,曰:'自吾有回,门人益亲。' 鲁哀公问:'弟子孰为好学?'孔子曰:'有颜回者好学,不迁怒,不贰过。不幸短命死矣,今则亡。'"

通过这一段文字,我们可以了解到,颜回好学,但短命而死,而且二十九岁时头发就全白了。在这里重复的"早死"和"短命"的字眼,再加上这"二十九"三个字,很容易让我们以为颜回是29岁时死的。如果真是29岁时死的话,那的确不算长命。不过,颜回死时,却已经活过了人生的41个年头。

颜回死后，孔子很伤心。他哭得十分悲痛"天丧予，天丧予。"一向比较拘谨的孔子现在像个小孩子一样的展现出了他的真性情："老天爷要我的命啊，老天爷要我的命啊！"当别人都劝他不必过分悲伤时，他说："我不为他悲伤我还能为谁悲伤呢？"

但是当颜回的父亲请求他把车卖掉为颜回买棺椁时，却遭到了孔子的反对，孔子说"无论有没有才能都是儿子，我的儿子伯鱼死的时候，也就是用简单的棺材盛殓的，没有使用椁。我不能卖了车为他买椁，因为我以前做过大夫，是不能步行出去的。"

而当其他人请求厚葬颜回时，同样遭到了孔子的反对。当后来人们不听他的劝阻厚葬了颜回后，孔子反而于心不安。像自己犯了过错一样，在颜回的灵柩前忏悔着："颜回呀，你把我当父亲一样的看待，可是我却不能像儿子一样对待你。这不是我的意思啊，这是那些学生要这样做的。"

为什么厚葬颜回，孔子反而觉得对不起他呢？记得有一次颜回与子路陪侍在孔子身边时，孔子曾问他们有什么追求。颜回说"无伐善，无施劳"，既不夸耀自己的长处，也不夸耀自己的功劳，平平淡淡就好。颜回的一生是安贫乐道的："一箪食，一瓢饮，在陋巷，人不堪其忧，回也不改其乐。"他还会在乎自己死后葬的是棺还是椁吗？他曾向孔子请教"仁"的道理，孔子说要做到仁就要求自己言行必须符合礼，一旦做到了这一点，别人就会称许你是"仁"人了。要做到"仁"，全在于自己，哪能依靠别人呢？

也许，孔子觉得这一切都违背了颜回的本意，或者让颜回的人格蒙羞。似乎其他弟子，包括颜回的父亲，都不能理解颜回，而唯一能理解

颜回的人,只有他的老师孔子。

清经学家戴望《论语注》中特别强调:"《春秋传》曰:'丧事无求',求车非礼也。"而且"礼、士有棺而无椁。"也就是说,孔子这么做是"知礼守礼",不因为爱徒之死而放弃自己守了一辈子的信念。

更早的时候,孔子到卫国,刚好碰上以前馆舍主人的丧事,为了报答旧日恩情,就进去凭吊,而且哭得很伤心。走到外面之后,就叫子贡解下拉马车的一匹马赠送给丧家。子贡认为孔子对于自己门人的丧事都不曾这么大方,所以质疑这样的礼是否太重了。孔子就解释说:这样隆重的礼物是要相应于他自己对于死者的深厚感情,子路曾经听孔子说过:"丧礼,与其哀不足而礼有余也,不若礼不足而哀有余也。祭礼,与其敬不足而礼有余也,不若礼不足而敬有余也。"(《礼记》)这里强调的是一种最基本的要求。孔子在"旧馆人之丧"所表现的是比这里的说法更上一层,也是孔子强调内心真实的情感,完全配合了外在的物质表现。

孔子虽然没有卖掉马车,可是他对于颜渊,甚至子路的死,就表现出好像是自己儿子过世那样的悲伤(《论语》中甚至没有记载孔鲤之死)。所以后来孔子过世后,子贡就根据这样的原则类推,弟子们就像父亲过世一样哀伤,而没有穿着儿子该穿的丧服,这也就是所谓的"心丧"(《礼记》和《孔子家语》),很能抓住孔子重视"礼之本"的教诲。

孔子是他们的老师,老师都说了不要厚葬,弟子们为什么还不听从老师的劝说而非要厚葬呢?作为老师,一向睿智的孔子为什么在这件事上就管不了弟子,而只能在厚葬之后抒发无用的感慨呢?

其实道理很简单:弟子们知道,"事死如事生"——对待死者所做的所有的事情其实都是给生者看的，其目的在于教化生者。而之所以厚葬，那是因为弟子们知道孔子与颜渊的感情很深：一方面，孔子当然希望对颜渊进行一次厚葬来成全对他的感情，而另一方面，在孔子看来，颜渊是领悟了"礼"的精髓的人，而对颜渊厚葬又是违礼的，一个懂礼的人怎么会愿意看到自己的丧事违背礼呢？这又是孔子不忍心看到的。

所以对老孔子来说，他肯定是默许厚葬的，所以弟子们才得以对颜渊进行厚葬。"厚葬"体现了孔子对颜渊的感情，而他的那句"不可厚葬"则又更加体现了孔子与颜渊相知相惜的师生之情。

对弟子们来说，他们一定知道厚葬是违背礼的，也一定知道老师是不会允许他们厚葬颜渊的。然而他们依然厚葬，这也许是弟子们对老师与颜回深厚感情的成全吧。

原文

季路①问事鬼神。子曰:"未能事人②,焉③能事鬼?"曰:"敢④问死。"曰:"未知生,焉知死?"

注释

①季路:即仲由。字子路,又名季路。
②事人:指侍奉君父。
③焉:怎么,疑问代词。
④敢:大胆地,斗胆地,表敬副词。

纪老师说

面对子路的问话,孔子借反问的语气,巧妙地避开了在鬼神问题上一些有的没的也无任何意义的纠缠,含蓄地告诉子路:只有把"事人"的事办好了,才有资格谈"事鬼神";只有真正懂得什么叫"生",才有资格去谈论什么叫"死",说得多有道理啊。

孔子为什么避谈死呢?

《孔子家语》"致思篇"有:"子贡问于孔子曰:死者有知乎?将无知乎?子曰:吾欲言死之有知,将恐孝子顺孙妨生以送死;吾欲言死之无知,将恐不孝之子弃其亲而不葬。赐不欲知死者有知与无知,非今之急，后自知之。"

意思是，如果说人死了之后，还有意识的话。那么孝子们就会忙着去考虑死后的问题，甚至会忽略了活着的人；而如果说人死了之后，就没有意识的话，那么不孝的人甚至不会去安葬自己的父母了。

在孔子看来，"事鬼神"不是因为鬼神之真实存在而敬畏鬼神，而是对"事人"的情感延续。祭祀祖先，悼念已故亲人，是为了寄寓情感，更好珍惜今人。

"未知生，焉知死"，其实就是一种重视生的问题，儒家认为，人生活一天，便要做一天应当做的事情；对于将来必至的死，不必关心，不必虑及。

"知生"，就知道生命的由来和意义，就知道该如何活。在"生""死"之间有个"活"字，每天都向前看的人，是好好活着。得一天寿命，就要好好过一天。

有一个叫黄美廉的女子，从小就患上了脑性麻痹症。这种病的症状十分惊人，因为肢体失去平衡感，手足会时常乱动，口里也会经常念叨着模糊不清的词语，模样十分怪异。医生根据她的情况，判定她活不过6岁。

在常人看来，她已失去了语言表达能力与正常的生活条件，更别谈什么前途与幸福。

但她却坚强地活了下来，而且靠顽强的意志和毅力，考上了美国著名的加州大学，并获得了艺术博士学位。她靠手中的画笔，还有很好的听力，抒发着自己的情感。

在一次讲演会上，一位学生贸然地这样提问："黄博士，你从小就长成这个样子，请问你怎么看你自己？你有过怨恨吗？"在场的人都暗

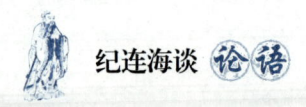

暗责怪这个学生的不敬,但黄美廉却没有半点不高兴,她十分坦然地在黑板上写下了这么几行字:

一、我好可爱;

二、我的腿很长很美;

三、爸爸妈妈那么爱我;

四、我会画画,我会写稿;

五、我有一只可爱的猫;

……

最后,她以一句话做结论:我只看我所有的,不看我所没有的!

读了上面的这个故事,你是否被黄美廉那种不向命运屈服、热爱生命的精神所感动?

原文

闵子①侍侧,訚訚如也;子路,行行如②也;冉有、子贡,侃侃如也。子乐,"若由也,不得其死然③。"

注释

①闵子:即闵子骞。

②行行(hàng)如:刚强的样子。

③不得其死然:只怕不得好死吧。

纪老师说

这是一幅师生随行图,其音容笑貌可感可触。

孔子为他的这些学生各有特长而高兴,但又担心子路刚勇有余,智谋不足,"不得其死然",难得善终,果不其然,被孔子料中,子路63岁时在卫国一场内乱中不幸战死。

孔子带着弟子停留卫国时,子路去做了卫国大夫孔悝的家臣,那时卫国不争气的父子两个正在争夺王位,子路曾经问过孔子"卫君待子而为政,子将奚先?"孔子很看不起这父子俩,回答说"必也正名乎!"子路很不以为然地说"有是哉,子之迂也,奚其正?"气得孔子大发了一通名正言顺的鸿论。

孔子看到子路刚健的样子，内心一震，他似乎预感到了什么，不禁脱口而出，"若由也，不得其死然。"

果然，孔子的话成了留给子路的一句谶语，子路未得善终。

《左传·哀公五年》："石乞、孟黡敌子路，以戈击之。断缨。子路曰：'君子死，冠不免。'结缨而死。"

具体史实是，卫庄公元年（前480年），孔悝的母亲伯姬与人谋，立蒯聩（伯姬之弟）为君，胁迫孔悝弑卫出公，出公闻讯而逃。子路在外闻讯后，即进城去见蒯聩。蒯聩命石乞挥戈击落子路冠缨，子路目眦尽裂，严厉喝斥道："君子死，而冠不免。"毅然系好帽缨，从容就义。

和子路同时做卫大夫孔悝家臣的还有高柴。此人虽然其貌不扬，高不盈五尺，但显然比子路更明于时势。孔悝被卫庄公蒯聩所迫，赶跑了卫出公蒯辄。子路当时正在城外，听说后急着入城去帮孔悝，正好碰见高柴从城里出来，高柴劝他不必与其难。子路却说："由已食孔氏之禄，敢坐视乎？"别人避之唯恐不及，他却明知无益，硬要去送死。

孔子听说蒯聩之乱后，对其他的弟子说："柴也其归乎！由也其死乎！"他的弟子不明白，孔子说："高柴知大义，必能自全；由好勇轻生，昧于取裁，其死必矣。"

高柴果然奔归，卫君的使者接踵而至，送来子路的肉醢，孔子让自己的弟子们埋了，痛哭说："某常恐由不得其死，今果然矣！"

不久，孔子因痛苦过度，也患病离世。

原文

鲁人为长府①。闵子骞曰:"仍旧贯②,如之何?何必改作?"子曰:"夫人不言,言必有中③。"

注释

①鲁人为长府:鲁人,指鲁国的执政大臣。长府,鲁国储藏财货的国库名。
②仍旧贯:沿袭旧规则。
③言必有中(zhòng):指言不妄发,发必中肯、合理。

纪老师说

"鲁人为长府",耗费巨大,劳民伤财,国人对此议论纷纷,多有怨言。鲁人到底该不该改造扩建长府?这个问题在孔门弟子中也引起争议,待众人发表意见后,闵子骞冷不丁地说道:"仍旧贯,如之何?何必改作?"他认为只需维持长府原有的规制规模就可以了,没有必要再兴师动众、铺张浪费了。孔子当即对他的意见表示赞许,夸奖他平时虽不多言,但言必点到要害之处。

这是赞赏闵子骞。但是,我们不要仅看作是孔子称赞闵子骞的话,而把"孔子不言,言必有中"这八个字轻易放过,这也是我们要学的,

当处大事的时候,不要乱说,要说就"言必有中",像射箭打靶一样,一箭出去就中红心,说到要点上去。

言必有中是种本事,我们都希望自己具备这样的能力。

1945年,抗日战争胜利后,毛泽东亲赴重庆参加谈判。重庆的文艺界人士邀请他演讲。演讲休息时,有人关切地问:"假如谈判失败,国共全面开战,你们是否能够战胜蒋介石?"毛泽东略一停顿,很风趣地说:"蒋先生(指蒋介石)的'蒋'是将军的'将'字头上加一棵草,他不过是个'草头将军'而已。"说完,他豪爽地笑了。有人别有用心地问:"那你的'毛'字……"没等那个人说完,他就不假思索地说:"我的'毛'字可不是'毛手毛脚'的'毛',而是一个'反手'。意思很明显,代表中国人民根本利益的中国共产党,要战胜代表少数人利益的国民党,易如反掌。"他的解释不仅含义深刻,妙趣横生,而且一语中的,恰到好处,当场赢得了热烈的掌声。

原文

子曰："由之瑟奚为于丘之门①？"门人不敬子路。子曰："由也升堂矣，未入于室也②。"

注释

①由之瑟奚为：瑟，古代乐器，与古琴相似。这里指弹瑟。名词活用作动词。奚为，为什么。疑问代词"奚"作介词"为"的前置宾语。

②堂：是正厅，室，是内室。入门后先升堂，最后到内室。用此表示做学问的几个阶段。

纪老师说

瑟是一种乐器。《白虎通·礼乐篇》论五声八音说："瑟者，啬也、闲也，所以惩忿窒欲，正人之德也。"弹瑟时，宜心平气和，现闲啬之义，发雅颂之音。

《论语集解义疏》："子路性刚。其鼓琴瑟，亦有壮气。孔子知其必不得以寿终，故每抑之，言汝鼓瑟何得在于我门，我门文雅非用武之处也，故自称名以抑之也。"

《孔子家语》载："子路鼓瑟，有北鄙杀伐之声。"

子路在老师门前弹琴奏瑟的，孔子听到的是子路刚强勇猛之音，

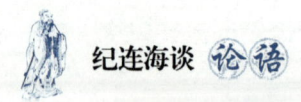

杀伐之意，没有达到自己要求的音乐要中声中节，和谐为本的境界。所以，孔子不高兴，用责备的口气批评子路。但是，看到弟子们对子路有看法时，他马上即景生情，说出了"登堂"未"入室"的话，来化解因自己的喜好而影响子路交往的过失。

顺便提醒一下，入室固难，登堂又何尝容易？孔子因材施教，批评弟子，皆有特指，只有在特定的语境中去理解孔子的话，才不会犯"门人不敬子路"的错误。

登堂入室成语就来自这里。所谓堂、室，古代宫室，前面是堂，后面是室。登上厅堂，进入内室。比喻学问或技能从浅到深，达到很高的水平。

据说，子路听到老师所说"登堂"未"入室"的评语，心里感到十分后悔，七天不吃饭，瘦得跟皮包骨一样。孔子说，这是子路在改正过错了。

孔子对学生的评价是比较客观的，有成绩就表扬，有过错就批评，让学生认识到自己的不足，同时又树立起信心，争取更大的成绩。

原文

子贡问:"师与商也孰贤①?"子曰:"师也过,商也不及。"曰:"然则师愈与②?"子曰:"过犹不及。"

注释

①师:姓颛孙,名师,字子张。春秋末陈国阳城(今河南淮阳)人,小孔子48岁。商:姓卜,名商,字子夏。春秋末卫国人,小孔子44岁。

②愈:胜过,更好。

纪老师说

据说,鲁哀公请孔子从弟子中推荐人才。孔子在撰写"题名录"之前,分别与个别弟子交流认识,这章记录了子贡与孔子的交流。

子贡问老师:"颛孙师和卜商两个人比较,谁贤能些?"

孔子说:"颛孙师过了一些,卜商稍嫌不足。"

子贡接着问:"如此看来,还是颛孙师贤能一点?"

孔子肯定地说:"过犹不及。应讲一个度,太过和不足同样不可取。"

子贡说:"我明白了,老师讲'过犹不及',是说超过事物的一定

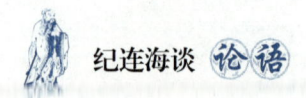

界限和未达到一定界限同样不好。这是全面看问题的思想方法。"

孔子点了点头,接着又补充道:"在贤能方面,我说他俩过和不及,是说各有差距。但从主要方面看,这两个学生都是比较贤能的。"

在孔子提交给国君的"题名录"中,共推荐10人:颛孙师、卜商、子贡名列其中。

人们往往会像子贡一样,觉得做过头总比没做到要好一些,其实这是一种误区。有时候,过头了比没有足够糟糕得多,危害也大得多。比如,最简单的饮食问题,一顿饭吃少了一点,或者说根本就没吃饭,那不过是饿得快一点而已。可是,如果是吃多了,就不那么简单了吧,轻则吃消食片,重则拉肚子,进医院,这是大家都有的生活体验,所以,中医要求健康的饮食习惯是:"吃饭只吃七分饱。"

当然,最好是做得恰到好处,不过分也无不及,就像宋玉写的"东家之子"那样,"增之一分则太长,减之一分则太短;著粉则太白,施朱则太赤",是一个标准的无须美容化妆的"氧气美人"。

这可能做到吗?太难了!不然的话,孔子怎么会发出如此沉重的感叹呢?——"中庸大概是最高的德行了吧!大家缺乏它已经很久了!"(见《雍也》)

中庸之道,谈何容易,我们只能凡事尽量做到适度吧。

原文

季氏富于周公①，而求也为之聚敛而附益之②。子曰："非吾徒也，小子鸣鼓而攻之③，可也。"

注释

①周公：泛指在周天子左右任职的周王室同族公侯。

②聚敛而附益之：聚，积聚，收集。敛，聚集。特指聚集财物。附，增益。益，本义水漫出来，引申为"增加"。

③小子鸣鼓而攻之：小子，老师称学生为"小子"。鸣鼓，敲鼓。

纪老师说

从这一章的记载来看，孔子对于弟子冉求参与季氏的聚敛钱财，是很愤怒的，并且不再承认冉求是自己弟子，而且要自己其他的弟子打着鼓去攻击冉求，这明摆着是一种正义的声讨。

孔子曾经评价冉有"求也艺"，说他有从政之才。

鲁哀公三年，冉求还在跟随孔子周游列国时，就被季康子召回国内，任用为季氏宰，此后一直得季氏重用。冉有政绩卓然，而且多才多艺。鲁哀公十一年，齐国进攻鲁国。冉求此时显示出了卓越的政治智慧和谋略。先是说服三桓下了抵抗的决心，然后冉求又亲自率军与齐国作

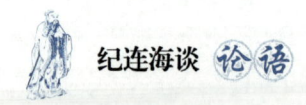

战,攻破齐军。由于冉求的功勋卓著,季氏也最终听从了冉求的意见,把孔子请回了鲁国,孔子也由此结束了长达近十四年的周游列国之行。

但是,季氏、冉求与孔子在政治上的分歧也逐渐加大,甚至产生了激烈的冲突。就在孔子回国的这一年,季氏打算搞赋制改革了,当时称作"用田赋",就是说把原先只有战争时期才征收的军赋,制度化为无军旅之出时也征之,并以田亩为征收标准的固定战争实物费。

当时,季康子还让冉求去征询孔子的意见。孔子当然反对,他认为,这样会加重民众的负担。但季氏仍然一意孤行,第二年便正式施行"用田赋"。

这个时候,作为季氏的家宰、得力干将冉求,显然又是站在了季氏这一边,而且可以判断,冉求为季氏的这次"用田赋"出了大力。本章的开头这一句"季氏富于周公,而求也为之聚敛而附益之",说冉求为季氏敛财,说的就是"用田赋"这事。季氏当时瓜分鲁国已有其半,"用田赋"大半收入季氏名下,为其充实军备等。

季氏到底多么富,并非关键。关键是他尽管已相当富了,至少已超过周公了,但还要以非常手段上下盘剥聚敛。冉求既是季氏家臣,为主人谋事也是本分,但做事自有分寸,有须遵守的道义。冉求显然没能执守住道义,而且还尽其心智,为虎作伥。孔子与之相绝,实也是冉求破了道义的底线了。

原文

柴也愚①，参也鲁②，师也辟③，由也喭④。

注释

①柴：姓高，名柴，字子羔。孔子的学生。

②鲁：迟钝，钝拙。

③辟：偏，偏激。

④喭（yàn）：鲁莽，莽撞。

原文

子曰："回也其庶乎①，屡空②。赐不受命③，而货殖焉④，亿则屡中⑤。"

注释

①庶：庶几，差不多。

②屡空：经常空匮。指缺衣短食非常贫穷。

③赐不受命：赐，即端木赐，"赐"为子贡的名。不受命，不能安受天命，即不听命运安排，这里指没有得到公家准许就去做生意（古代经商需由公家决定）。

④货殖，囤积货财以谋利。即经商，做买卖。

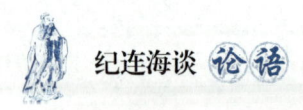

⑤亿：通"臆"。猜测，估计。

纪老师说

这两章似乎是孔子自言自语，自己唠叨给自己听的。不知是慨叹人无完人，上天不公呢，还是没事偷着乐，数落数落自己的得意门生？

我总觉得，这才是孔门弟子该有的状态：精神自由，个体独立，生龙活虎，多姿多彩，想干什么就干什么，我的地盘我做主。这是多么有生气有活力的一群人，孔子应该是偷着乐吧？

其实，人的性格往往具有两面性，愚笨的反面是淳朴仁厚，鲁钝的反面是执著坚守，偏颇的反面是深远新奇，鲁莽的反面是勇猛果敢。比如《孔子家语》就称赞高柴"足不履影，启蛰不杀，方长不折。执亲之丧，泣血三年，未尝见齿。避难而行，不径不窦。"再如程颐就赞誉曾参："参也竟以鲁得之！""曾子之学，诚笃而已。圣门学者，聪明才辩不为不多，而卒传其道，乃质鲁之人尔，故学以诚实为贵也。"说得多好啊，学问往往是资质鲁钝的人做成的。

跟前面那四个比起来，颜回资质不错，可惜穷得叮当响；子贡人不安分，做生意却很有天赋。

司马迁作《史记·货殖列传》对子贡的商业才能最为推崇："七十子之徒，（端木）赐最为饶益。"再加上他外交上的成就以及鲁、卫这两个小国对他的依赖，使他既是商界的"大款"，又是政界的"大亨"。

但是，子贡最聪明之处，不是显示在外交上、商业上，而是显示在对人生价值的判断上。孔子曾经问子贡："智者若何？仁者若何？"子贡对曰："智者知人，仁者爱人。"（《孔子家语·三恕》）知道衡量自己和他人，知道不能用世俗的所谓功业判断人的境界，不以世俗的所谓成败论英雄，这才是子贡的大聪明。

子贡有做生意的天赋，但当时经商需要国家授命，子贡没有获得这种授命；亿，同"臆"，大致相当于把握商机的能力和眼光，但是要说这种眼光没有人能够超过吕不韦。

据《史记·吕不韦列传》记载，秦昭王时，安国君为太子，安国君的其中一个儿子叫子楚，作为人质住在赵国的邯郸，事实上秦国也没有真正拿这位皇孙当回事，秦国针对赵国的战争一直没有停过，子楚的日子很难过。在邯郸做生意的吕不韦见到子楚时立即意识到自己一生中最大的商机来临了：此奇货可居。

太子有二十几个儿子，子楚居中，难有机会；太子最宠爱的华阳夫人却没有儿子。吕不韦出资五百金让子楚广交名流，以备日后进身；另以五百金搜求奇货异珍设法接近华阳夫人。

对华阳夫人而言，最大的危机在于以色事人难以长久，如果能在那二十几个"儿子"中挑选一位心仪者收做子嗣，并让太子予以确认，那样后半生的荣华富贵就有了保障。

吕不韦安排好这一切再次回到邯郸，重金买回一位色艺俱佳的女子，并刻意制造了一次"邂逅"，子楚与这名女子一见钟情。

子楚唯一不知道的是这位女子在与他一见钟情之前已经怀有身孕，作孽者便是吕不韦。那孩子出生后取名子政，便是大名鼎鼎的始皇帝嬴政。

吕不韦这单生意的利润是一个儿子及整个天下。

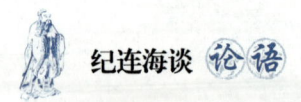

原文

子张问善人之道。子曰:"不践迹①,亦不入于室。"

注释

①不践迹:不践迹,就是不踏人迹,即不和人交往。践,践踏,踩。迹,足迹,脚印。

纪老师说

子张向老师求教"善人之道",而孔子不作正面讲解,却连用两个"不"字,对子张的批评之意,不言自明。

子张入门晚,年龄小,自己勤学好问,一部《论语》记录子张向孔子求问达十几处,可以说,是一个勤学好问的学生。正因如此,可能子张在同门师兄眼里,是一个好显弄才智的人,故而,与其相处疏远,作为老师的孔子,自然对弟子间的关系了如指掌,借子张求问"善人之道",借题发挥,既指出了子张的缺点,又为子张改正缺点指明了方向。

"践迹",即踩着别人的脚印走。孔子以此喻指要尊重他人的意见,而这正是子张不能做到的,子张年轻气盛,自恃才智过人,会经常与师兄们争辩问题,而又固执己见,所以孔子批评他"不践迹",你太不随和，过于自信，不尊重师兄们的意见。"亦不入于室"，是孔子对子张的训诫：你不改正自己的缺点，你就不可能成为我的入室弟子，最终只是一个自负自大的虚躁之徒。

孔子的批评训诫，不谓不严厉，在《论语》中，孔子这样严厉教训弟子，实属罕见。但子张毕竟是才高意广之人，完全领悟了老师的用意，立志改过，"尊贤容众"，最终成为"古之善交者"，而且为了能成为孔子的"入室"弟子，他终生不仕，授徒讲学，发扬儒学，进而开创了子张之儒，成了孔子之后"儒家八派"之首。

原文

子曰："论笃是与①？君子者乎？色庄者乎②？"

注释

①论笃是与：赞许言论笃实的人。"论笃"是动词"与"的宾语，由于强调而前置。"是"是标志宾语前置的助词。笃，笃实，朴实。

②色庄：外表庄重，这里指伪装出的庄重。

纪老师说

孔子告诉我们要由表及里，由外及内，由言及人的观察方法。对表面笃厚之人，不仅要观言，还要察色；观察他是真君子，还是伪君子，其颜色端庄，是否属于伪装。

是啊，考察一个人的确不能光听他怎么说，更重要的是看他怎么做。晋朝的傅玄说："听其言不如观其事，观其事不如观其行。"

汉文帝是一代明君，西汉"文景之治"就是从他开始的。他也是一个善于用人的皇帝，但是有一次他没有任用一个看来很有才能的人，有点奇怪吧？

话说汉文帝平时比较喜欢打猎，有一次他带着随从到皇家园林上林苑打猎游玩，只见奇珍异兽，应有尽有，心里非常高兴。

来到老虎园的时候，上林苑的主管官员前来拜见，文帝就向他询问上林苑的面积以及动物种类。没想到这随口一问，那主管官员竟然支支吾吾，回答不上来，文帝很生气。旁边的一个老虎管理人员对各种禽兽的情况非常熟悉，自告奋勇地跑了出来，回答了文帝的问题，并且口齿伶俐，夸夸而谈。文帝听了非常高兴，就打算撤掉原先的那个主管官员，改用这个老虎管理人员。

他刚想下令，却被大臣张释之拦住了。张释之迂回地问道："陛下觉得绛侯周勃这个人怎么样啊？"文帝说："那还用问，堪称长者。"张释之又问："那东阳侯张相如呢？"文帝说："也是长者。"此二人都是汉初重臣，但是都有些木讷，不怎么会说话。所以张释之说道："既然如此，那绛侯周勃、东阳侯张相如都曾经有些事情说不清楚，哪里像这个管理人员这么伶牙俐齿啊！"接着，他阐述了自己的主要顾虑。他说："秦朝的时候，就是注重耍嘴皮子的功夫，结果朝廷官员以耍嘴皮子为能事，文过饰非，导致亡国。今天的这件事陛下是不是应该再考虑一下。"

文帝乃一代明君，一下子就明白了张释之的话：提拔了这个老虎管理人员，确实有可能获得一个好的上林苑主管官员，但其他大臣会认为这是耍嘴皮子的结果，若闻风而动，人人以耍嘴皮子为能事，定会造成巨大的社会危害。权衡了利弊之后，文帝决定不提拔那位老虎管理人员，只是撤了那个主管官员，因为玩忽职守是必须受到惩罚的。

自此，汉文帝在用人上就特别注意"听其言观其行"，官场之风得以净化，汉文帝的统治也得以巩固，也因此出现了中国历史上有名的"文景之治"。

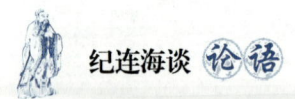

原文

子路问："闻斯行诸①？"子曰："有父兄在，如之何其闻斯行之？"冉有问："闻斯行诸？"子曰："闻斯行之。"公西华曰："由也问'闻斯行诸'，子曰，'有父兄在'；求也问'闻斯行诸'，子曰，'闻斯行之'。赤也惑②，敢问。"子曰："求也退③，故进之；由也兼人④，故退之。"

注释

①闻斯行诸：听到了就行动起来吗？斯，就，副词。诸，"之乎"的合音兼词。

②赤：公西华名"赤"。

③求也退：冉求遇事畏缩不前。

④由也兼人：仲由好勇过人。兼人，指一个人的胆量兼有两个人的大。

纪老师说

　　此章作为因材施教的典型历来为人们津津乐道。孔子对不同的学生问同一个问题，做出绝然相反的回答，其根据就是"材"之不同：冉有性格退缩、柔弱，因此孔子培养他果敢、激烈的性格；子路粗鲁、孔武，所以孔子抑制他，要他做事依礼三思而后行。

　　因材施教的教学手段，知人善任的领导艺术，对症下药的工作方法，在各行各业都有应用的价值。

　　东汉末年，有一个杰出的医学家叫华佗，他的医术非常高明。有两个病人，一个叫李延，一个叫倪寻，都得了头痛发热病，找过很多医生也没治好，于是来找华佗。华佗经过细心诊断，给他们各开了一个药方。给李延开的药方是发散药，给倪寻开的药方是泻药。他们俩一看，心里就嘀咕起来：都是一样的病，怎么用药完全不同呀？便问华佗这是什么道理。

　　华佗说："吃药要看具体情况，你们症状相同，可是得病的原因却不同。倪寻的病是从内部伤食引起的，李延却是从外部受寒造成的。病因不同，当然用药就不能相同了。"

　　两人听了，便放心服药，病果然很快好了。

　　由这个故事产生了成语"对症下药"。"症"指病症。现在这成语的用法广泛得多，不光形容治病，凡是针对具体情况，具体问题，采取恰当措施和方法的，都可以用这个成语来比喻。

纪连海谈 论语

原文

子畏于匡①，颜渊后。子曰："吾以女为死矣。"曰："子在，回何敢死？"

注释

①子畏于匡：孔子被匡地群众围困。指公元前496年，孔子自卫去陈时，经过匡地，因为他长相极像掠夺、残杀过匡人的鲁国人阳虎，所以被匡人围困拘禁了五天。畏，受到威胁的意思。

纪老师说

本章记载孔子和弟子之间的乐观幽默。

钱穆《论语新解》释"以女为死矣"云："女同汝。颜渊失群后至，孔子疑其与匡人斗而死矣。此惊喜交集之辞。"深感先生何其得义之深！

原来，孔子与颜渊诸弟子都困于匡，后来孔子与弟子们皆解围而去，唯独不见颜渊的影子，于是怀疑颜渊与匡人打斗而死，然而，没想到颜渊忽然就站到了他面前，所以孔子惊喜交加。

按理说一对情同父子的师徒在性命难保的危急关头相见，应该拥抱问安，涕泪交流，可是孔子看见爱徒却劈头就说："颜同学，我以为你死了呢。"颜渊回答了句荡气回肠的话:"老师您健在,颜回我哪里敢去死。"这一来一去的回答,胜似父子之情跃然纸上,笑对人生困境的勇气也生动地飞扬出来。

　　孔子对学生有什么说什么,真情直达,不加修饰;颜回对孔子敬仰至极,精神上有不离不弃的胶合,有生为孔子之人的意志。师生之情、生死之义,于危难中绚然绽放。

原文

季子然问①："仲由、冉求可谓大臣与？"子曰："吾以子为异之问，曾由与求之问。所谓大臣者，以道事君，不可则止。今由与求也，可谓具臣矣②。"曰："然则从之者与？"子曰："弑父与君③，亦不从也。"

注释

①季子然：鲁国大夫季氏的同族人。
②具臣：备位充数的臣子。
③弑（shì）：臣杀君，子杀父亦叫"弑"。

纪老师说

本章孔子谈"大臣"和"具臣"的区别。季子然是季氏子弟，仲由与冉求出任季氏家臣，故有是问。孔子厌恶季氏的专权僭窃，故贬抑：以为你有什么非常之问，原来是问……

孔子固然视仲由与冉求只是事务官，但他告知季子然，他俩执行事务仍有底线，弑父与君决不会做。这是对学生的信任，是对学生的警示，更是对季氏的警告。

孔子这里指出"以道事君"的原则，大臣贤佐，当以匡弼君主，救

其弊陋，弘扬仁道。"道合则服从，不可则去。"（《礼记·内则》）

他告诫冉求和子路应当用周公之道去规劝季氏，不要犯上作乱，如果季氏不听，就辞职不干。由此可见，孔子对待君臣关系是以道和礼为准绳的。这里，他既要求臣，也要求君，双方都应遵循道和礼。如果季氏干些杀父弑君的事，冉求和子路就要加以反对。

同时，也表明孔子对于他的学生是信任的，是放心的，也是自豪的。孔子相信冉求和子路虽然在季氏那里做官，大的原则还是会坚持的，不会突破孔子的道德礼仪的底线的，不是跟着季氏什么坏事都干的。

原文

子路使子羔为费宰。子曰:"贼夫人之子①。"子路曰:"有民人焉,有社稷焉②,何必读书,然后为学?"子曰:"是故恶夫佞者③。"

注释

①夫人:那个人,夫,代词。

②社稷(jì):社,土神。稷,谷神。后"社稷"成为国家政权的象征。这里指季氏封邑的政权机构。

③佞(nìng):花言巧语,狡辩。

纪老师说

本章记载孔子对子路巧言以辩的批评。

子羔,就是高柴。大师兄提携这位小师弟让他去做费宰,孔子却说子路这是在害人家孩子。

孔子为何会这么说呢?

关键在于"费"是一个是非之地。费是季氏的私邑,公山弗扰曾经担任费邑的宰,作为季氏的家臣,公山弗扰曾经在鲁定公时期盘踞在费邑造反,还打算邀请孔子加盟,孔子也曾动过心。另外当时有一种论调,认为费地堪当大事,《孔子世家》记载,孔子认为"盖周文、武起丰、镐而王，今费虽小，傥庶几乎？"而在此之前的鲁昭公时期，同样作为费邑宰的南蒯也发动过一次叛乱，后来还是齐国出面才勉强摆平此事。

曾经，"季氏使闵子骞为费宰"，但闵子骞坚辞不受"费宰"一职，不愿帮季氏做事的理由不充分，因为孔子学生中帮季氏做事的不止一人，至少还有一个原因——那是一个是非之地。费邑地理位置特殊，据费叛乱似乎成了传统。

孔子知道这一点，子路当然也知道，所以孔子说子路此举是"害"人；子路明知老师在说什么，故意说"有民人""有社稷"，属于避重就轻，有意狡辩，所以孔子很生气。

> **原文**

子路、曾晳、冉有、公西华侍坐①。子曰："以吾一日长乎尔,毋吾以也。居则曰:'不吾知也!'如或知尔,则何以哉?"

子路率尔而对曰②:"千乘之国③,摄乎大国之间④,加之以师旅⑤,因之以饥馑⑥,由也为之,比及三年⑦,可使有勇,且知方也⑧。"孔子哂之⑨。

"求!尔何如?"对曰:"方六七十,如五六十⑩,求也为之,比及三年,可使足民。如其礼乐,以俟君子。"

"赤!尔何如?"对曰:"非曰能之,愿学焉。宗庙之事⑪,如会同⑫,端章甫⑬,愿为小相焉。"

"点!尔何如?"鼓瑟希⑭,铿尔⑮,舍瑟而作,对曰:"异乎三子者之撰⑯。"

子曰:"何伤乎?亦各言其志也。"

曰:"莫春者,春服既成,冠者五六人,童子六七人,浴乎沂⑰,风乎舞雩⑱,咏而归。"

孔子喟然叹曰:"吾与点也!"

三子者出,曾晳后。曾晳曰:"夫三子者之言何如?"子曰:"亦各言其志也已矣。"

曰:"孔子何哂由也?"曰:"为国以礼,其言不让,是故哂之。"

"唯求则非邦也与⑲？""安见方六七十，如五六十而非邦也者？"

"唯赤则非邦也与？""宗庙会同，非诸侯而何？赤也为之小，孰能为之大？"

注释

①子路：姓仲，名由，字子路，又字季路，小孔子9岁。曾皙：姓曾，名点，字子皙，曾参的父亲，约小孔子20多岁。冉有：姓冉，名求，字子有，小孔子29岁。公西华：姓公西，名赤，字子华，小孔子42岁。以上四人都是孔子的学生。侍坐：卑者在尊者身旁陪伴叫"侍"。单用"侍"是陪伴者站着。"侍坐"指双方都坐着。"侍侧"指双方都站着。

②率尔：轻率地、毫不思索地样子。

③千乘（shèng）之国：拥有一千辆兵车的国家。古时一车四马为"一乘"。能出车千乘的国家，在当时是一个中等诸侯国。

④摄：迫近。进而作"夹"讲。

⑤师旅：古时军队的编制。五百人为一"旅"，五旅为一"师"。后以"师旅"为军队的通称。

⑥饥馑：谷的不熟为"饥"，果蔬不熟为"馑"。

⑦比及：等到。

⑧方：方向。这里指辨别是非的道理。

⑨哂（shěn）：微笑。这里略含讥讽的意思。

⑩方六七十，如五六十：一个方圆六七十里，或者五六十里的小国

家。方,见方,方圆。

⑪宗庙之事:指诸侯的祭祀活动。其中以祭祀祖宗为代表。祭祖必在宗庙(祖庙),故以"宗庙之事"泛指。

⑫如会同:或者在诸侯的盟会典礼中。如,或者,连词,表示选择关系。会同,诸侯会盟。

⑬端章甫:穿着礼服,戴着礼帽。端,礼服。章甫,礼帽。在这里都是名词活用作动词。

⑭希:通"稀"。指弹瑟的速度放慢,节奏逐渐稀疏。

⑮铿(kēng)尔:铿的一声,琴瑟声止住了。铿,:像声词,指弹瑟完毕时最后一声高音。尔,"铿"的词尾。

⑯撰:此处指想法、内容。

⑰浴乎沂(yí):到沂河里去洗澡。乎:介词,用法同"于"。沂,水名,在今山东曲阜县南。此水因有温泉流入,故暮春时即可入浴。

⑱风乎舞雩(yú):到舞雩台上吹吹风。风:吹风,乘凉。舞雩,鲁国祭天求雨的地方,设有坛,在今山东曲阜县南。"雩"是古代为求雨而举行的祭祀。古人行雩时要伴以音乐和舞蹈,故称"舞雩"。

⑲与:赞许,同意。

纪老师说

《论语》492章,每章篇幅几个字乃至几十字,超过百字已属"巨制",说是孔门的"官方微博"也不为过,本章却有四百余字,早已不是微博的合法容量了。

"侍坐"在《论语》中篇幅最长,内容也十分重要。

我们先来回忆一下:大家是否有在班会课上畅谈理想的经历?或

者在作文课上皱眉深思，苦苦挖掘《我的理想》？从小学到大学，你写的理想是不是越来越小？每每回忆起自己年少的理想，总不好意思地挠头：年少轻狂啊……

年轻的孔门弟子，他们该有怎样的理想？

子路的理想是治国安邦，但因其发言时不知谦让被孔子讥笑；冉有吸取教训开始收敛自己，说自己只能解决物质缺乏的低端目标，精神文明建设还需另请高明，孔子不置可否；公西华继续降低身段，说自己做一个司礼官就满足了。孔子说："赤也为之小，孰能为之大？"在孔子看来两人都有毛病，一是没有充分看重自己的工作，二是没有充分看重自己的才能。

曾皙在大家高谈阔论时，旁若无人地鼓瑟，等到老师一再追问，才施施然道：暮春时节，一群大人孩子，到河里洗洗澡，在台上吹吹风，然后唱着歌回家。

孔子听后，喟然叹曰："我赞成曾点啊！"

《史记·封禅书》引《周官》曰："夏日至，祭地祇。皆用乐舞，而神乃可得而礼也。"曾点所谈"冠者五六人、童子六七人，浴乎沂，风乎舞雩"，正与雩礼形制相合。既合乎周礼，又能在感受大自然的同时通过实践教习礼制，兼有和谐社会的气象，且曾点舍瑟而作，表达纯真自然，未尝拘泥，完全是按孔子"以吾一日长乎尔，毋吾以也"的要求办的，孔子不与点也，还能谁与？

中国古代有一绝对："东鲁春风吾与点，南华秋水我知鱼。"后一句典出《庄子·秋水》：庄子与惠子游于濠梁之上。庄子曰："儵鱼出游从容，是鱼之乐也？"惠子曰："子非鱼，安知鱼之乐？"庄子曰："子非我，安知我不知鱼之乐？"……

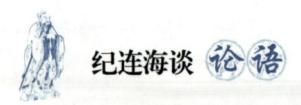

前一句即出自《论语》本章，中国两大哲学流派，儒和道，难道在这一章亲切握手了吗？

忽然想到张宗子的《书时光》，最让我忍俊不禁的，是张宗子引述的一段顺口溜，据说是他上学时候读过的笑话，以曾皙的名言改编：

"二月二，三月三，穿上新缝的大布衫。老的老，小的小，一同到南河洗个澡。洗罢澡，乘晚凉，回途唱个山坡羊。"

太有趣了！朗朗上口！对照下原文，简直丝丝入扣，如出一辙！

记得《古今笑·巧言部》有一段曲解"冠者五六人，童子六七人"的故事：石动筩诣国学，问博士曰："孔门达者七十二人，几人冠，几人未冠？"博士曰："经传无文。"动筩曰："先生读书，岂合不解？冠者三十人，未冠者四十二人。"博士："据何文解之？"动筩曰："'冠者五六人'，五六得三十也；'童子六人七'，六七四十二也。"皆大笑。

这个笑话被金庸写在《射雕英雄传里》，拿来当黄蓉智斗渔樵耕读的笑料，妙化无痕，实在是有趣极了。

莫非圣人之意，不愿再约束自我，而想与庄子一样，来一次自我放飞？呵呵，一笑。

颜渊篇

原文

颜渊问仁。子曰:"克己复礼为仁①。一日克己复礼,天下归仁焉②。为仁由己,而由人乎哉?"颜渊曰:"请问其目③。"子曰:"非礼勿视,非礼勿听,非礼勿言,非礼勿动。"颜渊曰:"回虽不敏④,请事斯语矣⑤。"

注释

①克己复礼:克己,克制自己,指修己。复,实践,实行;复礼,践行礼仪。

②天下归仁:天下的人就会称许你是仁人。归,归顺,这里作"赞许"讲。

③目:具体的条目,纲目。

④回虽不敏:回,颜回。古人自称用名。不敏,不聪敏,迟钝,笨。

⑤事斯:事,从事,实行,照着做。斯,这,这些,代词。

原文

仲弓问仁。子曰:"出门如见大宾①,使民如承大祭②。己所不欲,勿施于人。在邦无怨③,在家无怨④。"仲弓曰:"雍虽不敏,请

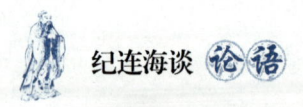

事斯语矣。"

注释

①大宾：贵宾。

②承大祭：承当重大的祭祀典礼。

③邦：诸侯管理的国家为"邦"。

④家：卿大夫管理的封地为"家"。

原文

司马牛问仁①。子曰："仁者，其言也讱②。"曰："其言也讱，斯谓之仁矣乎③？"子曰："为之难，言之得无讱乎？"

注释

①司马牛：姓司马，名耕，字子牛，孔子的学生，宋国人，生年不详，卒于公元前481年。

②其言也讱（rèn）：他的言谈是很谨慎的。讱，难，指话难说出口，这里指说话谨慎。

③斯：代词，这，或那。

纪老师说

"仁"，是孔子思想的核心。怎样理解"仁"呢？孔子没有一个固定的答案，而是在与学生的对话中，巧妙地阐释了"仁"的丰富意蕴。颜渊、仲弓、司马牛三人"问仁"，孔子三处回答不一样，均从不同侧面逼近"仁"的本质。

对于最好学的颜渊，老师也给出了最根本的答案。"克己复礼"，这个有点大，颜渊请老师说更具体一点的章法，孔子说"非礼勿视，非礼勿听，非礼勿言，非礼勿动"，就是从眼睛、耳朵、嘴巴、身体严格的管束自己，由外在规范，熏陶自己，就像催眠术、瑜伽、打坐静定等都是这种实际修养的方法。

仲弓，就是《雍也篇》里"雍可南面也"的冉雍，也是非常有德行的，孔子对他的回答，引出了我们现在很熟悉的名言"己所不欲，勿施于人""在邦无怨，在家无怨"。

仲弓之问，形式与颜渊相同，最后也是以"某虽不敏，请事斯语"作结束，但重点不同。前者是自律，对自己要严格；后者是待人，对别人要尊重。

当颜渊、仲弓问仁时，孔子做了正面回答，尽管是一内修一外用有所不同。可是当司马牛问仁时，孔子却并没有正面回答，而是有些顾左右而言他地说："仁者说话谨慎。"

这一微妙的区别，司马牛自己不会感觉不到，所以他又问："怎么，这就可以说是仁了吗？"言下之意是说：老师，您也把它说得太容易了吧，您整日给我们唠唠叨叨的"仁"，难道就这么简单吗？想不到孔子依然一本正经地告诉他："凡事做起来难，说起来能不谨慎吗？"

据《史记·仲尼弟子列传》记载，司马牛"多言而躁"，夸夸其谈，难怪孔子要对症下药，借他问仁的机会对他进行教育了。

由此可见，孔子是因材施教，此举也正是他正视个体生命存有差异的事实，试图通过点拨各自的修身之道，从而达到仁的境界。

孔子的指点看似极平常，但细体会，无不围绕着人主体性的建立而展开。

在前两章中，孔子让颜回克己复礼，让仲弓持敬行恕，两者虽有进路上的刚健与稳妥之别，但其实也是一体之两面。能克己复礼，自然须做到持敬行恕；能持敬行恕，也终能克己复礼。对司马牛，孔子针对他的缺点，让他从讲话谨慎做起，这也是克己复礼的具体表现。

"克己复礼为仁"，道出了欲望与理想的冲突与坚守，这是孔子关于如何为仁的主要解释。实际上包括两个方面的内容：一是克己；二是复礼，就是通过道德修养自觉地遵守礼的规定，做我们该做的，不做那些不该做的，做个仁人，就这么简单。

"克"是自我搏斗，庄子把它叫作"心兵"，就是在心里用兵。这种用兵与搏斗是非常残酷、非常痛苦的。因为这是天理与人欲之争，是情感与理性之争。切不要小看这种心理用兵，一念之差就可成千古恨。《书经》上有句话说得非常好："唯圣罔念作狂，唯狂克念作圣。"这个"狂"不是疯狂的意思，这个"狂"指凡夫，即圣贤人一旦放纵了思想、感情与观念，就立即变成了普通人；换过来，一个平凡的人，如果能把妄念降伏，就可进入圣人的境界。一念可以为圣，一念也可以成狂；一念可以做好人，一念也可以成坏人。我们看到的贪官落马是最为明显的例子，贪官就是因为不能用天理战胜人欲，不能用理性战胜情感，才起了贪念，落得人人唾弃的下场。

克己者胜也，克己就是一个人能够克制自己，战胜自己，不为外物所诱，不任性，不为所欲为。

岳飞是中国古代将帅中廉洁奉公、为人师表的楷模。他从严治军的一个突出特点就是严以律己。岳飞提出过国泰民安的一个著名口号是："文臣不爱钱，武臣不惜死，天下太平矣。"

他身体力行，严守一不贪财，二不爱色，三不娶妾，四是山河未复滴酒不进的"四不"规定。他个人的日常生活极其清苦。他平常的饭菜大多是主食加一个菜。有一次,岳飞吃到一种名叫"酸馅"的食品,他觉得味道不错,尝了几个以后,就叫随从收起来留到下顿再吃,以免浪费。岳飞在16岁时娶的一位刘姓夫人,因他从军远离,家乡沦陷后,生活无着,被迫转嫁。南渡以后,岳飞另娶了一位李姓夫人,夫妻之间的感情甚笃。他的部属同事们曾出于对岳飞这位主帅的尊敬,出钱买了一个年轻美貌的女子,送给他做姬妻。岳飞未曾见面就婉言谢绝了。在当时的南宋士大夫社会官吏多是三妻六妾和"西湖歌舞几时休,直把临安作汴京"的环境中,岳飞能如此洁身自好,真是清淡如水,廉洁为镜,高风亮节,实在难得!

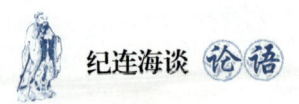

原文

司马牛问君子。子曰:"君子不忧不惧。"曰:"不忧不惧,斯谓之君子已乎?"子曰:"内省不疚①,夫何忧何惧?"

注释

①内省不疚:自己问心无愧。内,内心。省,反省,自我检查。疚,内心痛苦、惭愧。

纪老师说 ● ● ●

常人扰扰,多在忧惧中,司马牛亦正为忧惧所困,故孔子以君子不忧不惧告之。

这个司马牛同学,还有一个身份。他是一个著名的历史人物桓魋的弟弟,不知大家是否还有印象?这个桓魋是宋国贵族,得宠于宋景公,后来任宋国大司马,掌握兵马大权。其为人骄奢淫逸,又有野心,渐渐地就不把宋景公放在眼里了。孔子过宋时,因看不惯桓魋的行为,说过一些批评的话,桓魋也因此对孔子动了杀机。面对危险,孔子说了一句大义凛然的话,"天生德于予,桓魋其如予何?"不过,桓魋终究没敢真下手。

司马牛同学虽然与桓魋是亲兄弟,但两人完全不一样。除了性子躁一些，司马牛还是挺受孔子器重的，不然也不会把他收入门下。所以，司马牛对桓魋的行为也是看不惯的。他从宋国来孔门不久，就传来他的哥哥将要作乱的消息，桓魋凭仗着宋景公的宠信，骄横跋扈，贪得无厌，胡作非为，由来已久，到最后，竟然想直接谋杀宋景公。

作为内心修养，"内省不疚，夫何忧何惧"是对的，但是现实的祸害又是往往避免不了的。

后来，桓魋果然发动叛乱。但桓魋太不得人心，结果被宋景公击溃，流亡于列国之间。司马牛也受到牵连，虽然他没有参加叛乱，但为了避祸，还是主动献出了自己的封邑和玉圭，逃亡到齐国。后来桓魋也到了齐国，司马牛却极其讨厌他这个兄长，于是又把他在齐国得到的封地交还给齐国，去了吴国。可是，吴国人却不喜欢他。司马牛只好去孔子那里了。经过一路的艰险跋涉，司马牛最终还是没能走到终点，他死在了鲁国国都的外城门外。

原文

司马牛忧曰:"人皆有兄弟,我独亡①。"子夏曰:"商闻之矣②:'死生有命,富贵在天。'君子敬而无失③,与人恭而有礼④。四海之内,皆兄弟也。君子何患乎无兄弟也?"

注释

①亡:通"无",没有。

②商:姓卜,名商,字子夏,孔子学生。这里是子夏自称其名。

③敬而无失:严肃认真,不出差错。敬,严肃。失,这里指放纵、随便。

④恭:恭敬。

纪老师说

整天忧心忡忡的司马牛,在宋国是一个大家族中的一员。兄弟五人,都是贵族,是宋桓公的后代。到了宋景公时,这个家族显赫一时。大哥向巢,任宋国左师一职,是名义上的军队统帅。老二桓魋,任宋国大司马,握有兵马实权。老三就是司马牛,有自己的封邑,过着衣食无忧的生活。还有子颀和子车两个小弟,跟着最受宠的老二桓魋混。这兄弟五人,虎虎生威,外人看着肯定羡慕死了!

但人心不足蛇吞象，那个桓魋，大权在握，感觉也自然越来越好，渐渐地连宋景公也不放在眼里了，最后发动了叛乱。关键时刻，宋景公争取到了向巢的支持。没多久，桓魋的叛军就被宋景公的军队打得落花流水，几个兄弟四散而逃。向巢虽然站在了宋景公这边，但由于家族的关系，在宋国也无法立足，流亡到鲁国。司马牛没有参加叛乱，同样受到牵连，交出封邑，逃到齐国。一个大家族就此覆灭，五兄弟作鸟兽散。

司马牛不是没有血缘意义上的兄弟，可是，这些兄弟现在到哪里去了？这个"亡"字，此刻出自司马牛之口，已经不仅仅是无的意思。别人都能从兄弟的情谊中受益，我却不能，非但不能，还因为兄弟的不仁而受牵连。也有人认为，司马牛说这话，是不再把桓魋等人当兄弟了。

不管怎样，司马牛的心中一定是够忧伤。他向子夏倾诉了这种孤独感，希望获得同学的同情与开导。

子夏不负所望，用他听到过的话来劝他：生死富贵都是命中注定的，你就不要悲伤了。只要自己心存敬意因而无过失，待人恭敬并且符合礼节，那么四海之内的人就都是你的兄弟了！

"四海之内皆兄弟也"，这句话一下子就使人想到水浒梁山泊，想到桃园三结义，令人顿生侠义之气。

据《说苑·杂言》记载，孔子也曾说过，行为合于仁义礼节，千里之外都是兄弟，否则，就是两对门也不相往来。

"海内存知己，天涯若比邻"，君子行仁义，又何愁没兄弟呢？

纪连海谈 论语

原文

子张问明。子曰:"浸润之谮①,肤受之愬②,不行焉,可谓明也已矣③。浸润之谮,肤受之愬,不行焉,可谓远也已矣④。"

注释

①浸润之谮(zèn):指像水一样,一点一滴暗中传播、渗透进来的谗言。浸润,像水一样地渗透。谮,谗言。

②肤受之愬(sù):指像皮肤受到蜇痛那样的诬告。也就是切身受到的诽谤。愬,诬告。

③明:明智。

④远:远见。

纪老师说

明就是明智、明白、明辨是非,就是不糊涂。古时候地方官常要断案,因此,当官当得明不明,很重要。公堂之上,不是常挂着"明察秋毫"或者"明镜高悬"的匾额么?

古往今来,谗言和诽谤像毒蛇一样缠绕并蚕噬着人们的灵魂,它既是人人厌恶的最丑恶最卑鄙的行为,却又是人人想摆脱而无能为力、与每个人一生相伴始终的社会现象。

水，至柔至坚，无孔不入，滴水穿石，渗透力极强，几乎无法抵御。一点一滴，不动声色，不露痕迹。这次给你说某人的一句话，下次给你再说一句，有时甚至是说一句听来毫不相干的话，这样逐渐浸润，潜移默化地使你对某人产生某种印象，那被攻击中伤的人，可真是跳进黄河也洗不清了，这就是孔子所说的"浸润之谮"。

如果说"浸润之谮"是"慢工出细活"，那么，"肤受之愬"则是"快刀斩乱麻"了，一举奏效，使你在猝不及防的情况下错误行动，结果铸成大错，悔之晚矣。为什么"肤受之愬"会有这么急切灵验的效果呢？因为它所诬告的内容，都是与你亲身相关，使你会有真切感受，甚至有切肤之痛的事情，所以，往往会使你确信不疑，因而做出了错误的决定还自以为是当机立断，很有魄力呢。

历史上很多君王，听信谗言，弄得朝廷上下乌烟瘴气，小人得志，忠良被害。

汉武帝刘彻，加强中央集权，提高国家经济实力。北击匈奴，夺取河套地区和河西走廊；西通西域，打通与中亚、西亚的联系；西南、东北用兵，征服夜郎、南越，灭卫氏朝鲜。刘彻开疆拓土，文治武功，媲美秦皇。但就是这样一位伟人，晚年听信宠臣江充的挑拨、诽谤，灭太子，诛皇后，至亲至爱，竟逃不脱浸润之谮，肤受之愬。

即使伟大、英明如刘彻，也因洞察力、定力的衰弱，断送了老婆、孩子的性命。我们这些普通人，要抵御那如水的谗言，切肤般的诽谤，何其艰难？我们该如何抵御？

抵御的武器，还是孔子的方法："视其所以，观其所由，察其所安"，对挑拨和诽谤，一定要洞察其动机、路径、心境，不要被身边人当枪使，不为别人做嫁衣。

原文

子贡问政。子曰:"足食,足兵①,民信之矣。"子贡曰:"必不得已而去②,于斯三者何先③?"曰:"去兵。"子贡曰:"必不得已而去,于斯二者何先?"曰:"去食。自古皆有死,民无信不立④。"

注释

①兵:兵器。这里指军备。
②去:去掉。
③何先:这里是指先去掉哪样。
④无信:不信任,没有信任。不立,站不住。

纪老师说

"民无信不立"的"不立",在春秋时解读为"国家就不能存在了",在当今可解读为"民众对执政者不信任,政府就会垮台。"

春秋战国时,秦国的商鞅在秦孝公的支持下主持变法。当时处于战争频繁、人心惶惶之际,为了树立威信,推进改革,商鞅下令在都城南门外立一根三丈长的木头,并当众许下诺言:谁能把这根木头搬到北门,赏金十两。围观的人不相信做如此轻而易举的事能得到如此高的赏赐,结果没人肯出手一试。于是,商鞅将赏金提高到五十金。重赏之下必有勇夫，终于有人站出将木头扛到了北门。商鞅立即赏了他五十金。商鞅这一举动，在百姓心中树立起了威信，而商鞅接下来的变法就很快在秦国推广开了。新法使秦国渐渐强盛，最终统一了中国。

而同样在商鞅"立木为信"的地方，在早它400年以前，却曾发生过一场令人啼笑皆非的"烽火戏诸侯"的闹剧。周幽王有个宠妃叫褒姒，为博取她的一笑，周幽王下令在都城附近20多座烽火台上点起烽火——边关报警的信号，只有在外敌入侵需召诸侯来救援的时候才能点燃。结果诸侯们见到烽火，率领兵将们匆匆赶到，弄明白这是君王为博妻一笑的花招后又愤然离去。褒姒看到平日威仪赫赫的诸侯们手足无措的样子，终于开心一笑。五年后，西夷太戎大举攻周，幽王烽火再燃而诸侯未到——谁也不愿再上第二次当了。结果幽王被逼自刎而褒姒也被俘虏。

一个"立木取信"，一诺千金；一个帝王无信，戏玩"狼来了"的游戏。结果前者变法成功，国强势壮；后者自取其辱，身死国亡。

可见，"信"对一个国家的兴衰存亡起着多么重要的作用。

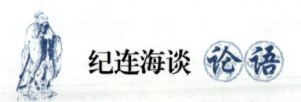

原文

棘子成①曰:"君子质而已矣,何以文为②?"子贡曰:"惜乎,夫子③之说君子也!驷不及舌④。文犹质也,质犹文也⑤。虎豹之鞟犹犬羊之鞟⑥。"

注释

①棘子成:卫国大夫。

②何以文为:要那些礼节、仪式等干什么呢。何以,干什么用,何必用,何必要。文,文采,形式主义,这里指礼节、仪式等。

③夫子:古代大夫都可以被尊称为"夫子"。这里是子贡尊称棘子成,可以译为"先生"。

④驷(sì)不及舌:四匹马拉的车也追不上说出了的话。也就是我们常说的:"一言既出,驷马难追。"古代一车套四马,所以"驷"指拉一辆车的四匹马。

⑤文犹质也,质犹文也:指文采和本质一样重要。

⑥鞟:去掉了毛的兽皮,即"革"。这里的意思是说:如果只要质不要文,那么君子与一般人就无法区别一样。

> 纪老师说

这可能是棘子成针对孔子说的"文质彬彬，然后君子"来讲的。质是指人的本质、本性、本色；文则指人掌握的知识和礼仪。孔子说"质胜文则野，文胜质则史"，文、质不可偏废，貌似说得很全面，但棘子成仍有异议。

棘子成是卫国的大夫，他认为作为君子只要有好的品质就可以了，不须外表的文采。但子贡反对这种说法，子贡觉得良好的本质应当有适当的表现形式，否则，本质再好，也无法显现出来。子贡用"驷不及舌"来说明对方不仅说错了话而且错得追悔莫及，并举例加以论证，"如果去掉了有文采的毛，虎豹的皮革就和犬羊的皮革无所区别了"，有理有据，勿庸置疑，其雄辩口才，常人莫及。

大家想想，是否正因为"虎豹之鞟犹犬羊之鞟"，以至于猪、牛之鞟甚至"合成之革"，所以才有假冒伪劣皮衣，使消费者真假难辨呢？仅从这一生活事例来看，毛色花纹（文）也的确有其不可忽视的重要性。

"驷不及舌"，也就是成语"一言既出，驷马难追。"

《邓析子·转辞》曰："一言而非，驷马不能追；一言而急，驷马不能及。"即一句话说出了口，就是套上四匹马拉的车也难追上。指话说出口，就不能再收回，一定要算数，要讲信用。

古代，魏文侯与掌管山泽田猎的虞人约好时间，要一起去打猎，这一天，魏文侯在家里饮酒饮得很高兴，天又下起了大雨，但魏文侯想起了打猎的事，马上准备出发。他身边的亲信说"雨下得这么大，您准备到哪里去呢？"魏文侯说"我已与人约好一同去打猎，虽然饮酒非常高兴，但是怎么可以不遵守约定呢？"于是，他亲自到虞人那里，跟他说明，取消了这次打猎活动，虞人非常感动，从此，他们成了知心朋友。

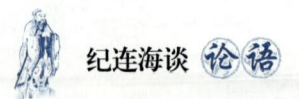

原文

哀公①问于有若曰:"年饥,用不足,如之何?"有若对曰:"盍彻乎②?"曰:"二③,吾犹不足,如之何其彻也?"对曰:"百姓足,君孰与不足④?百姓不足,君孰与足?"

注释

①哀公:鲁国国君,姓姬,名蒋。有若,姓有,名若,即有子,孔子的学生,小孔子33岁,鲁国人。

②盍(hé)彻乎:盍,何,为什么。彻,西周奴隶制国家一种十分抽一的田税制度。

③二:指十分抽二。表示加赋。

④君孰与不足:您跟谁不富足呢?意即"您怎么会不够呢"。孰与,即"与孰",介词宾语"孰",因为是疑问代词,故前置。

纪老师说

俗话说:"小河有水大河满",儒家学派的经济思想就是"藏富于民"。鲁国国君征收百分之二十的税,还不满足。有若的观点是,削减田税的税率,改行"彻税",即什一税率,也就是现在的百分之十的税率,使百姓减轻经济负担。只要百姓富足了,国家就不可能贫穷。

在一千多年前的我国五代时期，有个封建皇帝具有高超的执政智慧，主动搞了次无偿的"分田到户"，赢来历史美誉。他，就是后周太祖郭威。

郭威出身平民，知道民间疾苦，斗大的字稍微认识几个，由普通士卒逐步成长为将领，公元951年成为后周开国皇帝，他登基那年对宰相说："我是在穷苦中长大的，备尝艰苦，碰到机会好，今天当了皇帝，哪敢重敛百姓以纵自己欲望、讲求个人享受啊？"

郭威当上皇帝的第三年，做了人生中最出彩的一件事，发了道官方文件："悉罢户部营田务，以其民隶州县；其田、庐、牛、农器，并赐见佃者为永业，悉除租牛课。"（《资治通鉴卷二百九十一·后周纪二》）

郭皇帝不仅把本来属于国有资产的土地无偿赐给了佃户，而且，还包括土地上的房子、农具以及当时农耕社会必不可少的牛，一并慷慨地送给了老百姓，同时，他还废止了梁代就开始实行了几十年的繁重的租牛税！可想而知，当时的百姓对他有多感激！

田地一分给了农民，群众的积极性空前高涨，"民既得为永业，始敢葺屋植木，获地利数倍。"其实，中国的农民历来都是很聪明的。盖房子栽树下大力气干活，亩产收入翻倍增加，原来的营田区里一片欣欣向荣。

有大臣见国有资产"流失"得如此厉害，心疼啊，赶紧向皇帝建议："营田有肥饶者，不若鬻之，可得钱数十万缗以资国。"意为：你皇帝发句话，这现成的金子就到手了！

郭皇帝曰："利在于民，犹在国也，朕用此钱何用！"

郭威皇帝因为关注老百姓的民生，微言大义的几句话流传了千古，让历史给他打了个不俗的分数。

原文

子张问崇德①辨惑。子曰："主忠信②，徙义③，崇德也。爱之欲其生，恶之欲其死，既欲其生，又欲其死，是惑也。'诚不以富，亦祇以异④。'"

注释

①崇德：提高道德修养。崇，高，使高。

②主忠信：以忠诚信实为宗旨。

③徙义：向义靠拢。徙，迁移，这里当"靠拢"讲。

④诚不以富，亦祇以异：这是《诗经·小雅·我行其野》篇最后两句。意思是不是因为他富，只是他见异思迁。引在这里很难解释，因此有人认为是错简。宋代学者程颐认为，这一句应属《季氏篇》齐景公"有马千驷"章。

纪老师说

何谓惑？"爱之欲其生，恶之欲其死，既欲其生，又欲其死，是惑也"，孔子是最知道什么是困惑的了。

三国时期，邴原与孔融有一段对话很有意思。邴原就是那个"邴原泣学"的邴原，孔融是让梨的孔融。

有一个人很受孔融宠信，但是这个人经常抱怨，憎恨孔融。孔融就想杀了这个人，大家都认为应该杀了这个人，只是邴原认为不可。

孔融问："为什么？"

邴原说："大人您本来对这个人很好，经常说我要保举他，就好像是自己的儿子一样，可是现在又想杀了他。爱他就像儿子一样，恨他就要杀他，不知道大人您是凭什么爱他，又凭什么恨他的。"

孔融说："这个人出身低微，我成就了他，但是他辜负了我的恩情。大家不是经常说，有善行的人要推荐他，有恶行的要诛杀他，这是作为领导本来应遵守的道理。从前应劭做泰山太守的时候，保举一个孝廉，一月不到就杀了这个孝廉。"

邴原说："你说的应劭保举孝廉，这是国家选举人才，不是应劭自己的事情。如果保举的对，那么杀的就错了；如果杀的对，就是保举错了。孔子说，'爱之欲其生，恶之欲其死，是惑也。'应劭迷惑得很啊，难道大人您也要像应劭一样迷惑吗？"

做官的迷惑，做父母的更是迷惑。比如在生活中对待孩子，相信做父母的都有体会，疼孩子的时候，含在嘴里怕化掉，生气的时候，就往"死"里打。孔子称此行为是"爱之欲其生，恶之欲其死。"

后面一句话"既欲其生，又欲其死"，则是糊涂蛋了，好跟坏，美与丑，爱和恨完全迷惑了，简直头脑不清楚，一塌糊涂。

纪连海谈 论语

原文

齐景公问政于孔子。孔子对曰:"君君,臣臣,父父,子子①。"公曰:"善哉!信如君不君,臣不臣,父不父,子不子,虽有粟,吾得而食诸?"

注释

①君君,臣臣,父父,子子:君要像个君,臣要像个臣。第二个"君""臣"是名词活用为动词。父父,子子,句式结构相同。

纪老师说

孔子最受今人诟病的就是所谓的尊君卑臣,被攻击的靶子就是他这一句话:"君君、臣臣、父父、子子。"

孔子的话,都有其特定的历史背景,与谁对话,基本都是意有所指,离开了当时特定的语境,对他说的话就会出现断章取义,甚至以讹传讹。

齐景公是一个什么样的君主呢?齐景公作为大国君主,到了问政孔子时期,却连君主的样子都没有。问政那一年是公元前516年,齐景公已经执政了32年,孔子36岁。长期执政的齐景公,早已骄奢淫逸。

《晏子春秋·内篇下》有一则记载,很典型地体现齐景公的荒淫奢侈。齐景公让一位鲁国工匠用金银珠宝为他做了一双鞋。鞋刚做好，就迫不及待地大冷天穿上听朝。宰相晏婴上朝，齐景公想去迎接，结果鞋太重，不便走动。冰冷的金银珠宝鞋，也让他冻得难受，就问晏婴是否天气很冷。晏婴看了哭笑不得，好一顿劝说，齐景公才不敢再穿那双鞋。所以，像齐景公那样，不知道如何做君主的当权者向孔子问政，孔子回答说："君君、臣臣、父父、子子。"就是说，一个国家从上到下，一个家庭从家长到子女，都各自做好自己应该做的事情，都各自尽到自己的职责。能够做到这样，一个国家，一个家庭，还能不管理得井然有序？

齐景公怎么评价孔子的答复呢？齐景公说："讲得好！如果君不像君，臣不像臣，父不像父，子不像子，虽然有粮食，我能吃得上吗？"

齐景公为什么会有这样的忧虑呢？因为他曾亲历过那样的乱局。

齐景公的哥哥齐庄公于公元前554年执政，就是因为君不像君，肆意与重臣崔杼的妻子棠姜私通，导致了忍无可忍的崔杼臣不像臣，于公元前548年，在家里埋下伏兵，设计杀了齐庄公。这就是历史上有名的"崔杼弑其君"的事件。后来崔杼自任宰相，并任命庆封为左相，拥立齐庄公的幼弟为君主，就是齐景公。这件事还催生了中华民族历史上，史官不顾生死，前赴后继，秉笔直书的著名典故。

"君君、臣臣、父父、子子"是对历史经验教训的总结和升华，用来劝谏荒淫奢侈的齐景公，再贴切不过了。

原文

子曰:"片言①可以折狱②者,其由也与?"子路无宿诺。

注释

①片言:一面之辞。
②折狱:断案。折,断、判断。狱,诉讼案件。

原文

子曰:"听讼,吾犹人也。必也使无讼乎。"

纪老师说

"片言可以折狱者,其由也与?"《论语注疏》中引用孔安国的解释:"片犹偏也。听讼必须两辞以定是非,偏信一言以折狱者,唯子路可。"片就是偏,听讼必须听一听矛盾两方的说法,再来断定是非曲直,偏听偏信一方就做裁断,只有子路做得出。因为子路的承诺不会等到第二天才兑现。这大概不是表扬子路,子路虽然嫉恶如仇,但性格过于率直,甚至有些鲁莽,有时听到一面之辞就会下了结论,并动手实施。

孔子曾经做过鲁国的司寇,主要是掌管刑事、民事诉讼。孔子如何审理案子呢？《说苑·至公》载："孔子为鲁司寇，听狱必师断，敦敦然皆立，然后君子进曰：'某子以为何若，某子以为云云。'又曰：'某子以为何若，某子曰云云。'辩矣。然后君子几当从某子云云乎。"大致意思是："孔子当鲁国司寇的时候，凡是断案必然请有声望的长者陪审，先是大家肃然而立，开始讨论，然后孔子说道：'某某先生认为如何，某某先生怎么说。'又说道：'某某先生认为如何，某某先生怎么说。'这样辩论一段时间，然后孔子往往就按照类似某某先生的说法来断案。"

上一章孔子评价子路"片言可以折狱"，而此章则是孔子自道。这里面既有孔子的自我评价，即"听讼吾犹人也"，也包含孔子对讼事的基本态度和理想，即"必也使无讼乎！"这种基本态度和理想恰恰与上章对子路的评价不同甚至相反，《论语》编辑者之所以将此段孔子自道置于对子路的如上评价之下，是为了表明孔子对讼事的基本态度，并彰显子路"片言折狱"的缺陷。

关于孔子断案，《史记》记载，"孔子在位，听讼文辞，有可与人共者，弗独有也。至于为《春秋》，笔则笔，消则消，子夏之徒不能赞一辞"。意思是孔子审理案件，撰写辞章（相当于判决书），如果有能够共同商量的人，从不自己做决断。而写《春秋》，连子夏这样文辞很好的弟子也不让参酌一词。

同样都是裁断，孔子的处理方式为何不同呢？《春秋》要阐发孔子自己的政治社会思想，可能留下好名，也可能留下"骂名"，所以孔子不让弟子们参酌意见，而裁断案件会对现实当事人的未来产生影响，所以，孔子审理案件是十分谨慎的，要听取别人的意见，已经有点像现在组成合议庭审理案件的意思了。

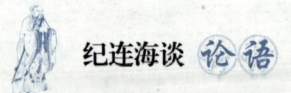

原文

子张问政。子曰:"居之无倦,行之以忠。"

纪老师说

"居之",在其位,指领导。"行之",行其政,指执行者。前者要求不懈怠,后者要求忠于事。

值得注意的是,这种忠,是对国家利益的忠诚,是一种公而无私、尽忠职守的品德。正所谓"公家之利,知无不为,忠也。"(《左传·僖公九年》)

对国家有利,也要对百姓有益。《左传·桓公六年》中记载了随国大夫季梁这样一句话:"上思利民,忠也。"意思是说为政者要对百姓"忠",怎么才能"忠"?就要"思利民",想着对百姓有益的、有利的。

"天下第一村"华西村的老书记吴仁宝同志就是为民谋福利的楷模。

50多年前,集体资产1764元,欠债1.5万元,一台30马力的柴油机,就是1961年华西大队成立时的全部家底。若单以产值计算,华西增值已不止千万倍。

华西村发展的那段时间,吴仁宝白天在外面跑市场,夜里只睡3个小时，凌晨2点起床开始去各个工厂巡视。他说："这个时间往往是工人们最困的时候，我不去看看不放心。"40多年来，他始终没有自己的办公室，所有事情都是在现场拍板。在华西，谁都知道老书记有一条铁律——从不陪客人吃饭，从不在村民家吃饭。即便来再大的领导，吴仁宝也只是到饭桌前寒暄几句就走。在家里，一碗清汤面、一盘小青菜是他的一日三餐；出差时，方便面和茶叶蛋就是他的最爱。吴仁宝当年能服众的原因，靠的是自己的亲身示范，凌晨两点钟开始干，从鸡叫干到狗叫，最苦最累的活都是老书记带头。

吴仁宝书记提倡"有福民先享，有难官先当"，既能共患难，又能同富贵；既能见困难就上，又能见荣誉就让。有这样的领导，什么事情干不好？

50多年来，华西人民在全国著名劳动模范吴仁宝的带领下，凭着"自力更生、艰苦奋斗"的精神，使曾经名不见经传的江南小村，不断由小变大，由穷变富。到了20世纪90年代初，就在全国率先成为"别墅村""轿车村""电脑村"等，现已拥有40多项"全国第一"。经过数十年的发展壮大，今天的华西村已被国内外各界人士赞誉为"天下第一村"。

原文

子曰:"君子成人之美,不成人之恶,小人反是。"

纪老师说

成人之美,积善成德,便成为君子;成人之恶,积怨日多,便是小人。君子受人尊敬,小人遭人唾骂。我们要做君子。

曾国藩在他的日记里说:"见得天下都是坏人,不如见得天下都是好人,存一番熏陶玉成之心,使人乐于善。"这是人性本善的信仰,顺此美好天性,人应当对他人之才加以引导成全,而不是忽视埋没,更不是阻碍、扼杀。

第一次登陆月球的太空人其实共有两位,除了大家所熟知的阿姆斯特朗外,还有一位是奥尔德林。当时阿姆斯特朗说过一句话:"我个人的一小步,是全人类的一大步。"这早已是全世界家喻户晓的名言。在庆祝登陆月球成功的记者会上,一个记者突然问了奥尔德林一个很特别的问题:"阿姆斯特朗先下去,成为登陆月球的第一个人,你会不会觉得有点遗憾?"

在全场注视下,有点尴尬的奥尔德林很有风度地回答:"各位,千万别忘了,回到地球时,我可是最先出太空舱的。"他环顾四周笑着说,"所以我是由别的星球来到地球的第一个人。"大家在笑声中,都给予他最热烈的掌声。

奥尔德林以他的幽默成全了阿姆斯特朗,被传为佳话。

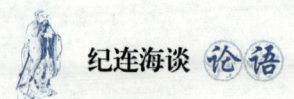

原文

　　季康子问政于孔子。孔子对曰:"政者,正也。子帅①以正,孰敢不正?"

注释

　　①帅:表率,带头。

原文

　　季康子患盗,问于孔子。孔子对曰:"苟子之不欲①,虽赏之不窃。"

注释

　　①欲:贪求(财利)。

原文

　　季康子问政于孔子曰:"如杀无道,以就①有道,何如?"孔子对曰:"子为政,焉用杀?子欲善而民善矣。君子之德风,小人之德草。草上之风②,必偃。③"

注释

①就：亲近，接近。

②草上之风：指草上有风，也即风吹到了草上。

③偃：扑倒。

纪老师说

这三段都是孔子与季康子的对话，针对季康子的问题，孔子从为政者如何执政给予解答。

孔子认为"政"字就是端正的意思。你自己带头端正，谁还敢不端正呢？对于什么是政治，孔子用一个"正"字概括。

他认为国家的管理者行得端、做得正，人民就有了方向，也跟着正道直行。如果管理者心术不正、行事不正，百姓怎么能遵守秩序和法律，怎么能正道直行？身正不怕影子斜。身正，心里没鬼，说话办事方显浩然之气，自然有人愿意服从。不正，心里总是有鬼，说话办事老让人觉得贼头贼脑，岂能让人心服口服？

为上贪婪，为下偷窃，上行下效，"上梁不正下梁歪"，孔子分析了窃盗产生的原因，要求为政者要正人先正己，以自己的德行感染百姓，自己不存贪欲，百姓也就不会偷盗效尤，那里还会有偷窃者呢？

在上的君子，办事有成就，叫作德，君子之德如风。在下的小人，办事有成就，也叫作德，但小人之德如草。"草上之风必偃"，草加之以风，必然扑倒。例如风自东边吹来，草必向西倒，风自西边吹来，草必向东倒，此即比喻在上位的人必能感化一般人民。

孔子主张身正民行，上感化下，才能施不言之教，对群众产生潜移默化的影响。孔子的教导强调了领导者自身行为的重要性。

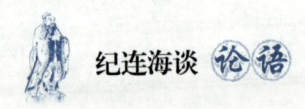
纪连海谈 论语

李世民就是一位身正使民行的贤君。

当我们翻开历代帝王推崇的《贞观政要》一书，就会发现李世民的很多思想言论十分精辟。比如下面这一条，就可谓千古名言，值得我们汲取，他说："凡事都必须服务于本。国家以人为本，人民以衣食为本。凡是从事耕织的人，应以不失时节为本。"

"国家以人为本，人民以衣食为本"，这话真是说到社会的本质了。但千年过去了，有哪些国家，哪些朝代做到这些？有点历史知识的人都心中有数，人民的眼睛是雪亮的啊！

李世民不仅是思想家，还是践行者。贞观二年（公元628年），京城长安一带出现严重的蝗虫灾害。李世民在大臣的陪同下，下乡视察灾情，来到一片庄稼地。

他看到遍地都是蝗虫，非常痛心，说："百姓要以谷来养命，而你们却食掉它，就像食我的肺肠一样啊！"说完，他抓起一只蝗虫，就往嘴里送。

一位大臣上前阻拦，说，"吃蝗虫恐怕会得病。"

李世民说："朕为民受灾，有什么病值得避忌！"说完，把手中的蝗虫吞吃下肚。

看到这一幕的大臣、百姓无不为之感动，他们众志成城，奋力与蝗虫斗争，从蝗虫嘴里夺下粮食。这一年，蝗虫没有成为灾害。

因为唐太宗仁政爱民，所以才会有长孙无忌、房玄龄、魏征、孔颖达、虞世南、杜如晦等赫赫有名的十八学士，才会有我们如今的门神秦琼和尉迟敬德等一帮义臣，才会出现历史上屈指可数的盛世"贞观之治"。

而相隔247个春秋，同是蝗灾，结果却完全不一样。

唐僖宗乾符二年（公元875年）七月，"飞蝗蔽日，所过赤地。京兆尹杨知至奏：'蝗不食稼，皆抱荆棘而死。'宰相以下皆贺。"史书上的这几句话，并无一字说到唐僖宗，却几乎字字都鞭打在唐僖宗的身上。

"飞蝗蔽日，所过赤地"，老百姓的命根子都已经被吃得精光，而唐僖宗竟然还会听信"蝗不食稼，皆抱荆棘而死"的屁话。

饿殍遍野，民不聊生。黄巢、王仙芝已揭竿而起，而唐僖宗竟然还陶醉在一片恭贺声中悠然自得，足见其对民情民意的漠然与无知。

从贞观二年到乾符二年，相隔247个春秋。从"吞蝗"到"贺蝗"，见证了唐代由盛而衰的历史进程。

执政者不同的行为，导致了不同的结果，印证了孔子"子帅以正，孰敢不正"的执政方针。

2003年，时任德国总统的约翰内斯·劳访问南京，在其精彩的演讲中，他引用孔子"政者，正也""居之无倦，行之以忠"等精辟名言，使听讲者惊诧不已。他说，这两句话"德国人或许可以将其理解为是对执政者依法治国的一种告诫。"他还说："我们赞叹中国，赞叹其古老的文化和五千年悠久的历史。中国的先哲孔子在德国也广为人知。时至今日，他的至理名言依然能给人以启迪。"

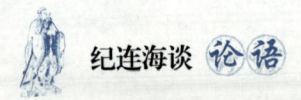

原文

子张问:"士何如斯可谓之达①矣?"子曰:"何哉,尔所谓达者?"子张对曰:"在邦必闻②,在家③必闻。"子曰:"是闻也。非达也。夫达也者,质直而好义,察言而观色,虑以下人。在邦必达,在家必达。夫闻也者,色取仁而行违,居之不疑。在邦必闻,在家必闻。"

注释

①达:明达,通达,明白事理,通行无碍。

②闻:名闻,名望,有声誉。

③家:指大夫治理的封邑。

纪老师说

本章关键词是"闻"和"达"。

子张用"闻"来解释"达"的含义,孔子认为不当,达者可以闻名,但闻者不一定达,比如沽名钓誉者对事理并不一定通达。所以子曰:"是闻也,非达也。"

那什么是达呢?孔子说:"夫达也者,质直而好义,察言而观色,虑以下人,在邦必达,在家必达。"就是说,达者,品质正直而无私,诚信而不欺，好义勇为，与人有益的事虽有困难亦不回避；同人交接善于体察理解其言语，观察辨识其脸色，揣摩其心里，理解其意图，心里常常想谦抑退让，不以己优长凌于人。无论在邦还是在家，都以此原则行事，求行之达、事之成，而不求名声远扬。

我们还是读名人故事，直观何为"闻""达"吧。

李斯生于战国末年，是楚国上蔡（今河南上蔡县西南）人，年轻时做过掌管文书的小吏。有一次，他在厕所见到老鼠吃人粪，一见到人和狗，老鼠就被吓跑了。后来，他在仓库里看到老鼠很自在地偷吃粮食，也没有人去管。于是，他发出了这样的感慨："人之贤不肖，譬如鼠矣，在所自处耳！"

于是西入秦，进入吕不韦门下。韩人用郑国行疲秦之计败露，秦人开始逐客，李斯上《谏逐客书》，秦王大悦，任用李斯为丞相。李斯的儿子不仅成为封疆大吏，还娶了皇家的公主，他的女儿也都如愿嫁入了皇宫。

秦始皇病死沙丘之后，赵高决定废长立幼扶胡亥上位，李斯参与了此事。赵高弄权，蒙蔽胡亥，对他们而言李斯算是一个潜在的危险，因为他是了解沙丘之变真相的第三个人。赵高决定利用自己更接近胡亥的便利铲除李斯，昏君当道，这事办起来几乎不费吹灰之力。李斯入狱时拉住儿子的手说："吾欲与若复牵黄犬俱出上蔡东门逐狡兔，岂可得乎？"是年七月，李斯被腰斩于咸阳。

从一个野心勃勃的年轻人，到如日中天的国家栋梁，再到协助胡亥弑兄夺位的助纣为虐者，最终却落得身首异处，于国于民无益，甚至有罪，名声再大又有何用？这样看来，李斯顶多算一个"闻人"而已。

"闻人"大约就是今天的"名人"，如果闻而不达，借用赵本山小

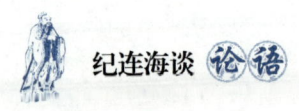

品里的话说——什么名人,那就是个人名。

富弼是北宋洛阳人,他自小读书勤奋,关心百姓疾苦。26岁那年,富弼踏上仕途,很快成为朝廷重臣。宋仁宗庆历二年,北方的契丹率兵压境,要求宋朝割让关南大片领土。国难当头,富弼受命前往契丹宫中谈判。在交涉中,他不顾个人安危,慷慨陈词,成功地劝说契丹放弃割地要求,维护了北宋王朝的利益。

六年后,黄河决口,河北70万灾民背井离乡,涌向京东。当时的贬官富弼在青州听说后,连忙张贴榜文募集粮食,运往各灾区散发,帮灾民渡过难关。事后,百姓们纷纷称颂他的功绩。宋代史学家司马光称赞他"三世辅臣,德高望重。"

富弼应该是闻达于世的榜样了。

原文

樊迟从游于舞雩之下，曰："敢问崇德，修慝①，辨惑。"子曰："善哉问！先事后得，非崇德与？攻②其恶，无攻人之恶，非修慝与？一朝之忿③，忘其身，以及其亲，非惑与？"

注释

①修慝（tè）：消除隐匿的邪恶。
②攻：批判。
③忿：忿恨。

纪老师说

崇德、辨惑是老问题，子张已经问过了，老师也讲解过，樊迟这里又提出来，属于刚才没有认真听讲，不过，樊迟却多问了一个"修慝"。

孔子告之以三箴戒。一、"先事后得"，就是吃苦在前，享受在后。二、"攻其恶，无攻人之恶"。即遏己之恶，宽以待人。三、"一朝之忿，忘其身，以及其亲"。指为了一点小事，一时愤怒到极点，完全不考虑后果，动辄拼命，白刀子进红刀子出，结果不仅使自己性命难保，还会连累到父母、妻子和儿女。后果很严重，我们要引以为戒。

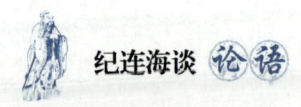

冲动是魔鬼，无论在任何时候，让理智控制住冲动都是非常必要的，张飞、刘备就是冲动致死的。

张飞和刘备，为了给关羽报仇，决定兵分两路共伐东吴。

张飞回到阆中之后，下令所有部队三日之内全换成白旗白甲，三军挂孝伐吴。第二天，负责后勤的范疆、张达告诉张飞："白旗白甲三天之内不可能备齐，得宽限几天。"

张飞正在气头上，哪能容得这两个人，马上让人把范疆、张达绑在树上，各打50大板，然后又告诉两人："明天必须把东西准备好！如果违了期限，就杀了你们示众！"

范疆、张达两人心知这事情根本就是没有可能办得到，所以他们商量之后，就在当晚刺杀了张飞，然后投奔东吴去了。

刘备为了帮张飞和关羽报仇，执意攻打东吴，最后落得白帝城托孤的下场，惨败后病死白帝城，致使蜀国走上了下坡路，恢复汉室的大业算是功亏一篑了。

每个人在生活中都不可避免地会遇到一些让人不能接受的事情，这个时候我们一定要保持冷静，千万不能让愤怒之火淹没理智，否则受害的只能是自己。

原文

樊迟问仁。子曰："爱人。"问知。子曰："知人。"樊迟未达①。子曰："举直错诸枉②，能使枉者直。"樊迟退，见子夏曰："乡③也吾见于孔子而问知，子曰'举直错诸枉，能使枉者直。'何谓也？"子夏曰："富哉言乎！舜有天下，选于众，举皋陶④，不仁者远矣。汤有天下，选于众，举伊尹⑤，不仁者远矣。"

注释

①达：理解，明白。

②举直错诸枉：就是把正直的人推举出来，罢黜邪曲小人。错：通"措"，放置。诸：之乎，合音词。

③乡：通"向"，刚才。

④皋陶：传说是为舜掌管刑法的贤臣，古人认为他是执法公正的典范。

⑤伊尹：商汤的宰相，曾辅助汤灭夏兴商。

纪老师说

本章谈了两个问题：一是仁；二是智。

关于仁，孔子对樊迟的解释似乎与别处不同，说是"爱人"，实际

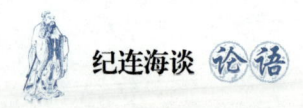

上孔子在各处对仁的解释都有内在的联系。他所说的爱人,包含有古代的人文主义精神,把仁作为他全部学说的对象和中心。正如著名学者张岂之先生所说:"儒学即仁学,仁是人的发现。"关于智,孔子认为是要了解人,选拔贤才,罢黜邪才。

樊迟不理解仁的含义,孔子用浅显的道理向他解释。从治理国家的角度看,"举直错诸枉"是以实际行动来推行仁道。人是需要榜样的,而榜样的力量是无穷的。把正确的事情立起来,放在谬误之上,自然为全社会确立了一个正当的指归。要做到这一点,必须首先爱护、了解他人。这既是个人修养,又是处世方法。

樊迟还是不懂啊,就又问子张,子张举例解说了孔子的观点:

"舜有天下,选于众,举皋陶,不仁者远矣。"舜掌管天下的时候,从众人中选拔人才,把皋陶选拔出来,不仁的人就被疏远了。皋陶担任了什么职位?他主管的是司法,掌五刑,最是公正严明,铁面无私。有这样的一个人在上位,下面的人没有敢乱来的。

第二个例子,"汤有天下,选于众,举伊尹,不仁者远矣。"

伊尹是一个有才德而不肯做官的隐士。成汤先后派人去迎聘了他五次,伊尹这才答应出来为成汤效力。成汤委任伊尹管理国政,在伊尹的辅佐下,成汤灭掉夏朝,建立了殷商。伊尹大权在握,才能出众,为人正直,对殷商忠心耿耿,先后辅佐了五位国君。第四位国君太甲因为昏乱暴虐,曾被伊尹流放到汤的葬地桐宫。伊尹便代行政务,主持国事,朝会诸侯。太甲在桐宫住了三年,悔过自责,重新向善,于是伊尹又迎接他回到朝廷,把政权交还给他。这就是"放太甲于桐宫"的历史故事。

伊尹当政时,敢于流放昏乱暴虐的国君太甲,在太甲悔过自新后又把政权重新交还于他，敢于承担责任，不避嫌，嫉恶如仇，几乎以一己之力维系着商汤的天下。成汤任用了这样一个人，不仁的人就被疏远了，连他自己的孙子太甲也不例外。但是太甲悔过自新，这也正是"能使枉者直"的例子了。

所以，智者，在于知人。知人，便可用人。用人得当，"不仁者远矣"，仁自然也就来了。仁、智，其实是一体的。

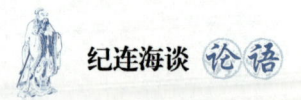

原文

子贡问友。子曰:"忠告而善道之,不可则止,毋自辱焉。"

纪老师说

朋友之间讲求一个"信"字,这是维系双方关系的纽带。对待朋友的错误,要开诚布公地劝导他,推心置腹地讲明利害关系,但他坚持不听,也就作罢。如果别人不听,你一再劝告,就会引起对方的反感,反而自取其辱。这是交友的一个基本准则,也是一种艺术。

曾国藩有一位幕友叫王湘绮,这个王湘绮是湖南的才子,也是近代以来有名的大儒。有一次,曾国藩率领的湘军正和洪秀全作战,刚开始露出败象的时候,王湘绮就请假要回家。曾国藩知道他身为读书人胆子小,害怕这仗败了,也想让他回去。不过因为自己忙,没有立即批复他的申请。后来有一天晚上,曾国藩有事去找王湘绮,看见他正坐在房里看书,就站在他身后,也不打扰他。差不多半个时辰了,王湘绮都不知道,曾国藩就悄悄地退回去了。

第二天早上,曾国藩就送了很多钱给王湘绮,又诚恳地安慰一番,让他立刻回家了。有人问曾国藩,为什么突然决定让王湘绮回去?曾国藩说:"王先生去志已坚,无法挽留了,朋友之道,不能勉强。尤其打仗的时候,胜败自己都没有把握,如何能保住别人?"

再问曾国藩何以知道王湘绮去志已坚？曾国藩说："那天晚上去王湘绮那里，他正在看书，我就站在他身后他都不知道，而且有近半个时辰的时间，王湘绮都没有翻过书。可见他不是在看书，是在想心事，也就是想回家，所以还是让他回去的好。"

这个故事就说明长官与部下也好，朋友之间也好，相处起来，同样都要适度。如果过分，那么朋友都可能变成冤家，上下级之间也可能成为仇人了。

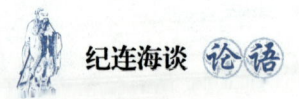

原文

曾子曰："君子以文会友，以友辅仁。"

纪老师说

"以文会友"一句话，在今天使用频率仍极高。网络上许多博客圈子，都以这句话来标榜自己的宗旨，但其含意已与《论语》中的原意相去甚远了。

高专诚在他的《论语通说》中解释："'文'是礼文、节文之意。'以文会友'，是说在交友的过程中既要注意朋友的素质，还要注意交友的方式，始终以礼相待。能做到以上两点，交友的过程不啻是成仁的过程。"就像现在慈善家聚在一起做善事，"志愿者"结成组织做义工，大家互相勉励帮助别人，使自己的灵魂也得到升华，岂不是快乐无比的事？

在中国现代文学史上，冰心、巴金、萧乾的友谊，感动了许许多多的人，他们之间演绎出了"以文会友，以友辅仁"的佳话。

在巴金心里，冰心不仅是他的大姐，更是他的精神支柱。曾经多少次，被疾病折磨的巴金想搁笔不写了，但看到冰心仍在写，便"不敢躺倒，不敢沉默，又拿起笔来了。"巴金给冰心写信道："70年了，我还在跟着您前进。"巴金又写道："冰心大姐的存在，就是一种巨大的力量。她是一盏明灯,照亮我前面的道路。她比我更乐观。灯亮着,我放心地大步向前。灯亮着,我不会感到孤独。"

萧乾解放前的许多作品是巴金编辑出版的。可以说,萧乾是在巴金的敦促和鼓励下从事文学创作的。文艺的春天来到时,巴金叮嘱萧乾:"我对你的要求是,80岁以前写出三四本书,小说或散文都行。"萧乾没有辜负"师傅"的心意,这20年,他出版的书籍有几十本之多。